Rathjen · Brand's Haide & Schwarze Spiegel

Friedhelm Rathjen

Brand's Haide & Schwarze Spiegel

Sechs Studien zu zwei Kurzromanen von Arno Schmidt

2023

rejoyce pocket
rjp 14

Bibliografische Information der Deutschen Bibliothek:

Die Deutsche Bibliothek verzeichnet diese Publikation in der Deutschen Nationalbibliografie; detaillierte bibliografische Daten sind im Internet über <www.dnb.de> abrufbar.

EDITION ReJOYCE Südwesthörn 2023
rejoyce@gmx.de
Satz, Titelfoto und Umschlaggestaltung: Friedhelm Rathjen
Herstellung: Books on Demand GmbH, Norderstedt
ISBN 978-3-947261-42-0

Inhalt

Arno Schmidt in der Heidmark
Dialogische Annäherung

Sprecher:

F Frauenstimme
M Männerstimme
AS Zitate Arno Schmidt
Z Zitate

Z Wenn der Nord durch kahle Wälder hallte,
durch die Heide, durch die tote Flur,
weilt' ich gern am Grabe der Natur,
wo mich mein Elysium umwallte!

M: Samuel Christian Pape war das in einem Gedicht, das vor zweihundert Jahren entstand.

F: Ausgezeichnet. Und dieser Samuel Christian Pape paßt bestens in den Umkreis jener Dinge, die wir heute verhandeln wollen – ist er doch eine Ausgrabung Arno Schmidts und hat er doch viele Jahre in Visselhövede gelebt, unweit der Grenze zur alten Heidmark. Arno Schmidt, ein Heimat- und Heidedichter nicht nur anderer Zeitläufte, sondern auch von ganz anderem Schrot und Korn, schildert diesen Lebensabschnitt Papes:

AS: Pape war ein echtes Kind der norddeutschen Heiden und Moore [...]; die entscheidenden Jahre [...] hat er in Visselhövede zugebracht, einem kleinen Ort der Lüneburger Heide, etwa gleichmäßig 70 km von Hamburg, Bremen und Hannover entfernt [...]. Zeit seines Lebens hat er die schwermütigen nebelvollen Wälder, die seltsamen Wacholdersteppen, das Ostermoor, die einsamen Dörfer und Einzelhöfe des abgelegenen Landes als sein »Jugendparadies« bezeichnet.

F: Schmidt hingegen, der in Hamburg und Schlesien aufwuchs, lernte das Paradies dieser Landschaft erst als nicht mehr ganz so jugendlicher Mann lieben, und wie jeder Aufenthalt im Paradiese sollte auch der seine nicht ohne Anfechtungen bleiben und von Vertreibung bedroht.

AS: Stundenlang kann er im Herbst am Waldsaume stehen

M: Hier spricht Schmidt wieder von Pape, nehme ich an ...

F: ... wobei er allerdings dessen Empfindungen ohne Zweifel zu teilen vermag: einen Teil der folgenden Formulierung benutzt er nämlich auch zur Charakterisierung seines Ich-Erzählers in „Schwarze Spiegel".

AS: Stundenlang kann er im Herbst am Waldsaume stehen, in jeder Hand einen jungen Baum, und sich einnebeln lassen; immer wieder erscheint der visselhöveder Kirchhof in seinen Gedichten, mit der Quelle der jungen Vissel, die dort unter den Gräbern als starker Quell entspringt.

F: Wenige Kilometer südlich von Visselhövede beginnt sie, die sogenannte Heidmark.

M: Die, wie ich vermute, ihren Namen inzwischen auch nicht mehr ganz zu recht trägt ...

F: Dem kann man schwerlich widersprechen – es sei denn, die Heidesprengsel in den Vorgärten der Einfamilienhäuschen wären Anlaß genug für die Bezeichnung der Region.

M: Seien Sie nicht so spöttisch!

F: Na gut, ich will Ihnen zugeben, daß der Name ‚Heidmark' natürlich historisch wohlbegründet ist. Vor gut dreihundert Jahren, als die Bezeichnung ‚Heidmärker' für die Bewohner der Amtsvogtei Fallingbostel aufkam, bestand dieser Landstrich noch fast ausschließlich aus Moor und Heide – übrigens auch noch vor zweihundert und selbst vor hundert Jahren. Heute allerdings bestimmen Äcker, Grünland und Waldungen das Bild.

M: Aber nicht die Gegend als solche soll uns heute in erster Linie interessieren, sondern die Bedeutung, die sie für Arno Schmidt gewann, der hier einige Jahre lebte. Und zwar von wann bis wann?

F: Von Ende Dezember 1945 bis Ende November ’50.

M: Also nicht einmal fünf Jahre?

F: Nicht die äußere Dauer allein ist entscheidend; es läßt sich im Geiste an einem Ort leben, der lange schon verlassen ist, wie wir noch sehen werden. Doch beginnen wir mit dem Anfang, mit der Ankunft am Ort unseres Interesses nämlich; Arno Schmidt hat das Wort, oder genauer: der Erzähler seines Textes „Schwarze Spiegel“.

AS: *(1. 5. 1960)*

M: Moment mal: wieso ’60? Ich denke, 1950 ist Schmidt schon wieder weggezogen aus der Gegend?

F: Richtig. „Schwarze Spiegel“ ist aber eine utopische Erzählung, folglich muß sie in der Zukunft spielen. Schmidt schrieb sie im Mai ’51, kurz nach seinem Wegzug vom Schauplatz. Doch hören wir weiter; die Örtlichkeiten stimmen nämlich, trotz Utopie.

AS: *Lichter?* (ich hob mich auf den Pedalen) –: – Nirgends. (Also wie immer seit den fünf Jahren).

M: Was für fünf Jahre?

F: Warten Sie’s ab; Sie werden’s schon noch merken. Wichtig für Sie ist im Moment höchstens, daß Schmidts Held mit dem Fahrrad unterwegs ist, und zwar allein, in jeder Hinsicht.

AS: *Rücktritt:* (und es quietschte beim Halten; morgen muß ich mal Alles durchölen). Ich richtete den Karabinermund vorsichtshalber gegen das schmierige Wrack: die Fenster dick verstaubt; erst als ich mit dem Kolben darauf schlug, ging die Wagentür ein wenig auf. Hinten leer; eine Skelettdame am Steuerrad (also wie immer seit den fünf Jahren!); nun: wünsche Glückseligkeiten!

M: Brrr – was wollen Sie mir da unterjubeln?

F: Nicht so ungeduldig; achten Sie lieber auf die Ortsangaben, die gleich kommen werden.

AS: *Senkrecht überm Straßenkreuz:* auf der kleinen hübschen Abendfläche erhoben sich einmal zärtliche Staubschleier, in denen Herr Windstoß Pirouetten schlug: und wo lang nun?! Drüben war eine Schilderei; ich latschte müde hin ‹Holzindustrie Cordingen› stands über höllisch hellgelb und schwarz geringelten Pfählen. Daneben am verwobenen Rain eine Spitzsäule. Ich rätselte ein bißchen an der eingegrabenen Legende: ach so: ein T.P.!

M: Warten Sie; das müssen wir jetzt festhalten: „Holzindustrie Cordingen"?

F: Ich hab hier eine genaue Karte der Gegend *(raschelt mit Papier)* – das Meßtischblatt 3023 Visselhövede, Preußische Landesaufnahme 1897, berichtigt vom Niedersächsischen Landesvermessungsamt 1955. Sehen Sie: hier verläuft in Nord-Süd-Richtung die Straße Visselhövede-Walsrode; in Höhe Ebbingen geht nach Osten die Straße Richtung Bomlitz ab, die drei Kilometer weiter von der Verbindung Walsrode-Jarlingen gekreuzt wird.

M: Ah, und das ist also die Kreuzung, an der Schmidts Erzähler mit seinem Fahrrad steht..

F: Richtig. Um gut Daumesbreite nordnordöstlich sehen Sie den damaligen Ortsteil ‚Holzindustrie Cordingen'.

M: Gibt's die Holzindustrie noch?

F: Die Gebäude standen noch bis Anfang 1990, als sie zur Schaffung eines Wohngebietes eingeebnet wurden; sie beherbergten allerdings schon lange keine Sägerei mehr, sondern dienten zuletzt als Depot. Doch zurück zur Straßenkreuzung; und fahren Sie auf der Karte mit, wenn Schmidts Erzähler jetzt wieder in den Sattel steigt; Sie werden seinen Weg schön verfolgen können.

AS: Ja aber nach rechts oder links? [...] Der Penny fiel, und Edward the Seventh, fidei defensor, und auch sonst noch mancherlei, wies mich nach rechts: Bon!

M: Also Richtung Benefeld und Bomlitz.

AS: *Ein Bahnübergang* (die Schranken seidank hoch) und immer mehr Gefälle. Eine Tommy-Brücke (halb verfault; noch vom zweiten Weltkrieg her) über den geschlängelten stillen Wasserlauf (schöner Teich zur Rechten, mit letztem Abendgelb getäfelt); dann bog die Straße links ein, und ich glitt mit müder Eleganz, à la Herr der Welt, in die Kurve

M: Ich vermute, daß er in die erste Straße hinter dem Flüßchen ...

F: ... der Warnau ...

M: ... eingebogen ist.

F: Ganz recht; es ist die Uferstraße zu Benefeld. Und hier steigt er ab vom Drahtesel.

AS: *Ich* nahm die Brechstange hinten heraus, und die Pistole: ‹SUHM› stand an der Tür, und daneben eine Toto-Reklame. Ich hieb die schwere Meißelspitze ins Holz, oben; dann unten; das Schloß sprang mit Gebell, flash and report.

M: Meine Güte, was ist denn das für ein rabiater Kerl?!

AS: *Wie immer:* die leeren Schalen der Häuser. Atombomben und Bakterien hatten ganze Arbeit geleistet. Meine Finger preßten mechanisch, unaufhörlich, an der Dynamotaschenlampe. In einer Kammer ein

Toter: sein Gestank hatte Zwölfmännerstärke: also wenigstens im Tode Siegfried (nebenbei selten, daß es noch roch; war ja alles schon zu lange her).

M: Moment, Moment – jetzt beginnt's mir zu dämmern, in was für eine ‚Utopie' Sie mich da hineingezogen haben: „Atombomben und Bakterien" ...

F: Ja: die Erzählung „Schwarze Spiegel" spielt fünf Jahre nach dem atomaren dritten Weltkrieg, den Schmidt auf das Jahr 1955 angesetzt hat. Sein Erzähler durchstreift als letzter Mensch nach der Katastrophe das nun menschenleere Norddeutschland – genauer: jenen Raum in der Heidmark, den Arno Schmidt selbst in den Jahren nach dem Zweiten Weltkrieg bewohnte und den er daher sehr genau abbilden konnte.

M: Und da legt er in Häusern, die doch vermutlich einwandfrei zu identifizieren sind, verwesende menschliche Körper aus? Wenn das die Bewohner dieser Gebäude gewußt hätten ...

F: Vor solchen Konkretisationen seiner Einfälle schreckte Schmidt nie zurück; das war halt sein Realismus. Wir werden in der Hinsicht noch ein paar Dinge erleben.

M: Haben denn die modernen Literaten gar keine Ideale mehr?

F: Aber doch! Gerade Arno Schmidt! Und die „Schwarzen Spiegel" sind im Grunde ein ganz und gar romantisches und beinah idyllisches Stück Literatur; hören Sie sich an, wie der Erzähler, der letzte Mensch also, nächtens schlaflos durch die gelobte Landschaft schreitet:

AS: haderte mit Zweigen, ahmte Menschenstimmen nach, wurde Moosen gut; den Wind mochte ich aus einem Gebüsch aufgestört haben, denn er sprudelte unwillig Blättriges, jagte ein paarmal im Umkreise, und verscholl erst dann rauschend forstein. [...] Ich trat gebückt über den Graben, und sah aufs leere Moor, wilde Weite, süß und eintönig, in der schwarzen Strahlung, bis ich die Schultern in der Jacke rieb. Das ist das Schönste im Leben: Nachttief und Mond, Waldsäume, ein stillglänzendes Gewässer fern in bescheidener Wieseneinsamkeit – so hockte ich lange und müßig mit rechtsgeneigtem Kopf; manchmal fiel ein Sternfunken stundenweit hinter Stellichte; manchmal beschlich mich eine schlacksige Windin und zerwarf mir die Haare, wie ne halbwüchsige fleglige Geliebte; sogar als ich einmal in die Büsche mußte, kam sie noch nach.

M: Stellichte ... Stellichte ... ?

F: Ein Dörfchen westlich der Straße Visselhövede-Walsrode, dicht an der Südgrenze des Landkreises Rotenburg. Ein einsames Haus dort bei Stellichte macht Schmidt später zum Schauplatz einer anekdotischen kleinen Kurzgeschichte, „Das heulende Haus".

M: Gut; aber bleiben wir in Benefeld. Gibt's etwas zu berichten über den Ort?

F: Vielleicht ein paar statistische Grunddaten: heute zur Gemeinde Bomlitz gehörig; etwa dreieinhalbtausend Einwohner; im Ort eine Waldorfschule, die Schmidt in seinen „Schwarzen Spiegeln" ebenfalls erwähnt und übrigens fälschlich mit zwei ‚l' schreibt. Und hier noch einige Angaben zur Geschichte des Ortes: im Jahre 1778 zwei, 1848 immerhin schon drei Feuerstellen ...

M: Danke, ich bin für solche trockenen Zahlen nicht zu haben – wer interessiert sich denn für solche Dinge schon?!

F: Zum Beispiel Arno Schmidt, der manische Datensammler; einen seiner Erzähler läßt er von einer

Kartei aller Einwohner des historischen Herzogtums Verden träumen ...

M (verblüfft): Ach! Und ... was heißt das konkret: drei Feuerstellen?

F: Nu, sagen wir: schätzungsweise zweiunddreißig Einwohner. Das war also 1848; 1778 dürften es etwa achtundzwanzig Menschen gewesen sein, die sich um die zwei Benefelder Feuerstellen scharten. Doch lassen Sie uns etwas näher an die Gegenwart heranrücken, und kommen Sie mit auf ...

AS: einen Dorfbummel, mit Feuerrohr und Axt.

M: Gerne – zeigen Sie mir Benefeld etwas anschaulicher.

AS: *Siedlungshäuser,* recht geschmackvoll gebaut und angeordnet; auch viele Kiefern hatte man stehen lassen, so daß ich beifällig den Mund spitzen mußte (und links unten warbelte immer das Flüßchen entgegen, bis es sich durch einen kleinen Wiesengrund entfernte, unter einer Eisenbahnbrücke hindurch, sehr nett!). [...] *Ein Baräckchen:* ‹Gemischtwarenhandlung›. [...] *Ein Sportplatz:* Das Gras ging mir bis zum Gürtel, und auch die 400-Meter-Bahn rundherum war fast ganz zugewachsen. Vorn am Eingang gilbte noch ein Papier im Kasten, Schreibmaschinenzettel vom Schriftführer Struve: Spielgemeinschaft Benefeld-Cordingen, die Aufstellung für nächsten Sonntag (den sie nicht mehr erlebt hatten!): Rosan, der linke Verteidiger, Mletzko und Lehnhardt die Außenstürmer, Nieber in der Mitte

M: Sind die Namen authentisch?

F: Ja, das sind sie durchaus, soweit sich das heute noch nachprüfen läßt. Nur gelegentlich verändert Schmidt die Schreibweisen ein bißchen: der vorhin erwähnte Name „Suhm“ müßte korrekt ‚Sahm‘ heißen. Der Bewohner jenes Hauses in der Uferstraße, also Herr Sahm, war übrigens als Gemeindebeamter zu

Schmidts Zeiten für das Wohnungswesen zuständig, und da ist es doch nur folgerichtig, daß der Erzähler von Schmidts Erzählung ausgerechnet dort seine Wohnung nimmt – oder?

M: *Die* Logik ist allerdings umwerfend – der letzte Mensch steigt auf der Suche nach einer Unterkunft beim Wohnungsdezernenten ein! – Aber bitte: können wir noch etwas weitergehen auf unserer Ortsbesichtigung?

AS: *Holz, viel Holz!* In mächtigen Bretterstapeln unter Schuppen; in Sperrholzplatten, aneinandergelehnten [...]: das war also die Holzindustrie. [...] *Der Bahnhof:* Lütt und proper. [...] *Unten:* eine Mühle neben zwei schönen Teichen; der Brückensteg durchgefault, aber ich balancierte über die Balkenköpfe.

M: Ah ja, ich hab's hier auf der Karte: ‚Cordinger Mühle'; und ‚Mühlenhof'.

F: Den merken Sie sich bitte gut! Hier seine Beschreibung:

AS: Kleiner Platz mit einer ungewöhnlich hohen Thuja, mindestens 15 Meter maß sie; ein größerer Hof; zur Linken die lange Schuppen- und Garagenreihe: was sollte ich in den Menschenhöhlen? Wieder die ewigen Skelette betrachten?

M: Ich für mein Teil verzichte freiwillig drauf!

AS: Wieder denken: das mag ein Dicker gewesen sein, der zufrieden am Abendwürstchen kaute; dies ein Leptosomer mit Baskenmütze und Menjoubärtchen; dort ein Trottel mit kahlem Eierkopf; hier eine christlich orientierte Jungfrau mit oder ohne Brille. Ein kleiner Straffer, mit Postbotengang und philosophischer Stummelpfeife (der aber doch heimlich ins Toto setzte).

M: Bewunderungswürdig, Schmidts Fähigkeit, sich plastische Menschentypen einfallen zu lassen ...

F: Ich fürchte, ‚einfallen lassen‘ ist nicht ganz der richtige Ausdruck: ich vermute, daß die von Ihnen als ‚Typen‘ bezeichneten Menschen solche gewesen sind, die Schmidt selbst sehr genau gekannt hat – zumal der Mühlenhof, in dessen Gemäuern er seinen Erzähler ihre Gerippe auffinden läßt, auch Schmidts eigene Wohnung beherbergt hat.

M: Sie scherzen!

F: Durchaus nicht. Vertrauen Sie sich Schmidts Erzähler an, der bei einem späteren Rundgang wieder in den Mühlenhof gerät.

AS: *Über die dünstende Wiese:* diesmal kam ich von hinten in den Mühlenhof; das Fenster an der kleinen Treppe fiel mir beim ersten Antippen entgegen (richtig: Fenster muß ich auch noch komplett irgendwo herauslösen, und bei mir im Haidehaus wieder einsetzen!), und ich schwang mich hinein: armselige Einrichtung: ein Bett mit Bretterboden, ohne Kissen und Federbetten, bloß 5 Decken. Ein zerwetzter Schreibtisch, darauf zwanzig zusammengelaufene Bücher in Wellpappkartons als Regälchen; ein zersprungener winziger Herd (na, der hat das große nasse Loch auch nicht erheizen können!), ich tippte ihm anerkennend aufs geborstene Eisen, und sah mich mürrisch um. Papier in den Schüben; Manuskripte; »Massenbach kämpft um Europa«; »Das Haus in der Holetschkagasse«; ergo ein literarischer Hungerleider, Schmidt hatte er sich geschimpft.

M: Ich fasse’s nicht!

AS: Schmidt hatte er sich geschimpft. Allerdings lange Knochen: mußte mindestens seine 6 Fuß gehabt haben. Das ist also das Leben. Ich salutierte den beinernen Poeten mit der Flasche (den Schädel müßte man mitnehmen und bei sich aufstellen); dann schwang ich mich wieder durch die dicke Fensterhöhle, und schritt bergauf längs den verwilderten Kleingärten.

M: Da drapiert Arno Schmidt also nicht nur die Gebeine seiner Mitbewohner, sondern sogar die eignen in die Kulisse seiner Erzählung, ohne mit der Wimper zu zucken!

F: Das gehört nun einmal zu seinem poetischen Verfahren: wer dabei ist, die Welt in Literatur zu überführen, muß auch sich selbst als ein Objekt betrachten, das für die Ausschlachtung zu dichterischen Zwecken vorgesehen ist. Schmidt hat die eigene Person nie geschont in dieser Hinsicht.

M: Das ehrt ihn dann ja vielleicht sogar wieder. Gut: wir sind nun in den Mühlenhof geraten ...

F: ... den Mühlenhof Cordingen, der aber trotz dieser Bezeichnung zu Benefeld gehört ...

M: ... und darin also lebte Arno Schmidt.

F: Richtig; in einer engen Einzimmerwohnung mit seiner Frau Alice.

M: Von der ist aber in der Erzählung nicht die Rede?

F: Sie treffen ins Schwarze; in seinem Werk macht Schmidt die Figuren, die ihm selbst ähnlich sind, fast durchweg zu Junggesellen – selbst den ‚beinernen Poeten'.

M: Steht denn der Mühlenhof Cordingen heute noch?

F: Leider nicht; vor wenigen Jahren ist das baufällige Gebäude abgerissen worden, und es gibt jetzt nur noch eine Straße namens ‚Am Mühlenhof'. Das Mühlengebäude selbst dagegen ist noch vorhanden; es wurde von Grund auf restauriert. Dazu gehört auch ein Nebengebäude, für das sich die Gemeindeverwaltung einen sehr schönen Zweck ausgedacht hat – in Erinnerung an den einstigen Mühlenhofbewohner Arno Schmidt. Im Rahmen eines Stipendiums sollen Studenten und junge Künstler dort freie Wohnung nehmen können.

M: Sehr lobenswert!

F: Das ist es, solange es dieses Stipendium gibt. Arno Schmidt hat allerdings von solchen Arbeitsbedingungen leider nur träumen können.

M: Welche Umstände haben ihn denn seinerzeit eigentlich nach Benefeld verschlagen? Er ist doch nun nicht eigens dorthin gegangen, um den Schauplatz für die spätere Erzählung „Schwarze Spiegel" zu inspizieren.

F: Nein, gewiß nicht. Die Ansiedlung ergab sich zufällig aus den Wirren des Kriegsendes.

M: Schmidt war Soldat?

F: Ja, und er geriet kurz vor Ende der tausendjährigen Großen Zeit in englische Kriegsgefangenschaft. Ich will's Ihnen anhand einer Kriegsdatenchronik zeigen, die Schmidt damals erstellt hat. Hier die letzten Einträge des Jahres 1945:

AS: 13.4. [...] 3 Stunden liegen im Feindbeschuß auf Acker (mit noch einem O'Gefr. zusammen). / Dann, bei Einbruch der Nacht in Scheune versteckt – dort 2 Tage und 1 Nacht.

15.4. 23 h 20 m ins Bauernhaus gegangen. (Der Bauer, der gegen Übernahme meiner Uhr, die Briefe an Alice weiterschickte, hieß: Heinrich Lindemann, Nordenbroß über Vechta, Oldenburg).

16.4. gegen 8 h ‚freiwillig' beim nächsten englischen Posten als Gefangene gemeldet. / (Ort: Schwichteler über Vechta).

Mittags weiter nach *Bentheim*. Heiße Sonne.

17.4. Mittags weiter nach *Weeze*.

19.4. Morgens in Güterzug verladen. Durch Holland nach Villvoorde bei Brüssel.

20.4. Dämmerung: Villvoorde. Gef.Lager.

M: Ein Schicksal von vielen damals. Und Schmidts Frau?

F: Sie hatte sich aus Schlesien retten können zu Verwandten, wo sie im Mai 1945 ein erstes Lebenszeichen von ihrem Mann erhielt.

Z: P R I S O N E R S O F W A R C A R D.
Kriegsgefangenensendung.
Z u r B e a c h t u n g. Nichts hinzufügen. Widrigenfalls wird die Karte vernichtet. Nichtbezügliches durchstreichen.
NUR FÜR DIE ADRESSE.
An

AS: Frau Alice Schmidt
19 Quedlinburg [a.]/Harz
Neuendorf 34

Z: Ich bin in englische Gefangenschaft geraten.
Bin gesund.
Feste Adresse folgt.
Absender

AS: Arno Schmidt

Z: Regiment

(Pause.)

F: Er macht in dieser Rubrik keine Angabe.

Z: Datum

AS: 5. Mai 1945

F: Im Brüsseler Lager bleibt Schmidt bis zum Mittag des 19. August.

AS: Dann mit Güterwagen nach Luthe/Hannover.
21.8. Mittwoch: Luthe. Dort bis
22.9. Per LKW nach Munster (Lager). Dort Dolmetscher.
4.11. die Lilli kommt.

M: Ich nehme an, das ist seine Frau.

F: Alice, ja.

AS: 29.12. Sonntag. Nach Cordingen, Mühlenhof, als Dolmetscher an die Hilfspolizeischule Benefeld.

M: Schmidt bekommt hier also einen lukrativen Posten ...

F: Sie verkennen die Umstände: so lukrativ, wie's klingt, war das Dolmetschen keineswegs. Immerhin konnte dadurch die Beschwernis des Alltags für das schon vor dem Krieg an bittere Armut gewöhnte Ehepaar überstehbar gemacht werden. Den Dolmetscherposten an der Benefelder Hilfspolizeischule, den Schmidt durch die Vermittlung britischer Offiziere bekommen hatte, gab er allerdings zwölf Monate später wieder auf; seitdem war er, was ja auch nicht schlecht klingt, ‚freier Schriftsteller'.

M: Ja, konnte er denn davon leben?

F: Das kommt ganz darauf an, was Sie unter ‚leben' verstehen. Eines ist sicher: Reichtümer kamen nicht in Schmidts Hände. Einen instruktiven Einblick in die wirtschaftlichen Umstände des Dichterlebens mag Ihnen ein Schreiben gewähren, das zu verfassen Arno Schmidt sich im August des Jahres 1950 veranlaßt sah.

AS: An
das Gemeindeamt
Benefeld – Westerharl.

Ich beabsichtige in einem Prozess vor dem Amtsgericht Walsrode einen Antrag auf Gewährung von Armenrecht zu stellen, und bitte deshalb die Gemeinde um Ausstellung des hierzu erforderlichen Armutszeugnisses. –

Zur Begründung meiner Bitte versichere ich folgendes an Eides statt:

1.) Ich bin Flüchtling aus dem polnisch besetzten Schlesien, und somit ohne jedes Vermögen oder Sachwerte,
2.) meine Einnahmen in der Zeit seit der Währungsreform beliefen sich auf
1948: 500,- DM
1949: 625,- DM

1950: bisher 505,- DM –
ich bitte dabei zu berücksichtigen, dass es sich hier zumeist (z.Zt. über 600,- DM) um Verlags*vorschüsse* handelt, die also eigentlich keine Einnahmen, sondern ausgesprochene Schulden darstellen.

M: Darf man fragen, um was es bei diesem Rechtsstreit ging?

F: Die Eheleute Schmidt hatten die Miete für eine Handvoll klappriger Möbelteile, die sie sich von einer ebenfalls im Mühlenhof wohnenden Witwe geliehen hatten, nicht mehr bezahlen können und wurden schließlich verklagt, wodurch sich Schmidt genötigt sah, seine Zeit in einen polemischen Briefwechsel mit dem Anwalt der Gegenpartei zu investieren. Eine Reaktion auf diesen Prozeß finden Sie übrigens wiederum in der Erzählung „Schwarze Spiegel".

AS: *Ein Nest:* Walsrode (Zwei Straßen, Schilder, alberne Rechtsanwälte, albernere Richter, bloß gut, daß Alles ein Ende hat!)

M: Darf ich aus diesem Fluch auf die Richter schließen, daß Schmidt in dem Prozeß unterlag?

F: Sie dürfen!

Z: Amtsgericht Walsrode
Im Namen des Rechts!
In dem Rechtsstreit der Witwe Helene *Felsch*,
Cordingen-Mühlenhof, Kr. Fallingbostel,
Klägerin,
Prozeßbevollmächtigter: Rechtsanwalt von Nottbeck, Walsrode
gegen
1. den Schriftsteller Arno *Schmidt*,
2. dessen Ehefrau Alice *Schmidt* geb. Murawski,
wohnhaft in Cordingen-Mühlenhof, Kr. Fallingbostel,
Beklagte

wegen Zahlung
hat das Amtsgericht in Walsrode
auf die mündliche Verhandlung vom 19. September 1950
durch den

Amtsgerichtsrat Schaefer

für Recht erkannt:
Die Beklagten werden als Gesamtschuldner verurteilt, an die Klägerin 200,-- DM nebst 4 % Zinsen seit dem 13.7.1950 zu zahlen und die Kosten des Rechtsstreits zu tragen.
Der Beklagte zu 1 wird weiterhin verurteilt, die Zwangsvollstreckung in das eingebrachte Gut der Beklagten zu 2 zu dulden.

M: ‚Zwangsvollstreckung' hört sich aber nicht gut an!

F: In der Tat: die Folgen des Prozesses drohten Schmidt völlig lahmzulegen.

AS: heute kam der Gerichtsvollzieher, Herr Leppin, zu mir, und pfändete mein Fahrrad (Tandem). –
Ich brauche dieses Tandem, um meinem Beruf nachgehen zu können; d.h. um aus Archiven, Grossbibliotheken etc. das für meine literarischen und historischen Arbeiten unbedingt benötigte Material holen zu können [...]. Die Eisenbahn hierfür zu benutzen, erlauben mir meine geringen Einkünfte nicht [...]. Da ich nur 1/6. der normalen Sehschärfe habe, und ausserdem durch einen Kriegsschaden am Knie behindert bin, könnte ich ein Einzelrad nicht selbst bedienen: hierdurch wird die Notwendigkeit eines Tandems, das meine Frau lenkt, erwiesen [...]: allein in den letzten 6 Monaten habe ich damit solchermassen über 3000 km zurückgelegt. Weitere für meine jetzige Hauptarbeit unerlässliche Fahrten, werden mich in den nächsten Monaten damit nach München, Überlingen/Bodensee, Tübingen, Darmstadt usw. führen.

M: Er will zum Bodensee radeln? Das kann ihm doch nicht abgenommen werde!

F: Damit teilen Sie die Ansicht des gegnerischen Anwalts in jenem Prozeß; zu Schmidts Glück war das Gericht allerdings anderer Ansicht, und zwar durchaus zu recht: das Ehepaar Schmidt war mit dem Tandem tatsächlich ausgiebig unterwegs in Sachen seiner Studien. Im übrigen waren Schmidts Benefelder Jahre literarisch überaus fruchtbar; in der Heidmark entstand unter anderem eine ganze Reihe von Erzählungen ...

M: ... die vermutlich sämtlich auch dort in der Gegend angesiedelt sind.

F: Leider nicht – genau umgekehrt wird ein Schuh draus: die Erzählungen spielen größtenteils an Schauplätzen der Antike; eine Arbeit schildert eine mißglückte Flucht aus Schlesien zu Ende der Weltkriegskatastrophe. Nur der letzte der in Benefeld entstandenen Texte, *Brand's Haide*, ist in eine Landschaft verlegt, die mit der Heidmark halbwegs identisch ist – allerdings gestaltet Schmidt die Topographie ein wenig um, und die Ortsnamen sind größtenteils durch fiktive ersetzt. Dennoch können Sie in *Brand's Haide* fündig werden, wenn Sie nach Darstellungen der Benefelder Umgebung suchen.

AS: »Uralter französischer Boden« erwiderte ich, und bewies ihr, daß 1810–13 das französische Kaiserreich hier gewesen wäre; die Böhme war die Grenze: vive l'empereur!

M: Die Böhme?

F: Das Flüßchen, das durch Fallingbostel und Walsrode fließt, nicht weit von Benefeld. Oder hören Sie hier:

AS: *Erst die Bimmelbahn* (Von Visselhövede, diabolus ex machina); dann kam klappernd Grete zum Treffpunkt: »Zwanzig Pfund Pilze!!« staunte sie.

M: Das ist aber doch nicht eindeutig; von Visselhövede kann's ja doch wohl in verschiedene Richtungen gehen ...

AS: »Wir gehen auf den Schwellen lang, ja?« – »Der letzte Zug nach Walsrode ist längst durch.«

M: Nun gut, dadurch wird die Sache klar.

AS: Ein deutscher Schriftsteller am 31. Oktober 1946 ist frei: das Arbeitsamt ist froh, wenn sie wieder Einen los sind; Finanzamt Soltau ist völlig machtlos, denn er verdient ja grundsätzlich unter 600 im Jahr

M: Und die Orte der nächsten Umgebung? Benefeld, Cordingen, Bomlitz?

F: Bomlitz wird zu Krumau, Cordingen zu Coldingen, das Benefelder Waldgebiet Lohheide bekommt die titelgebende Flurbezeichnung „Brand's Haide"; alles Ortsnamen, die mit dem Romantiker Friedrich de la Motte Fouqué in Beziehung stehen, an dessen Biographie Schmidt im Mühlenhof Cordingen eifrig drechselte. Aber die Bezüge zur geographischen Wirklichkeit der Heidmark sind nur schemenhaft zu rekonstruieren; nein, die erste Erzählung, die offen hier spielt, ist „Schwarze Spiegel", doch die entstand eben, als Schmidt sich schon nach Gau-Bickelheim in Rheinhessen hatte umsiedeln lassen.

M: Warum übrigens dieser Schritt, wo Schmidt doch an der Landschaft Niedersachsens bekanntlich so über alle Maßen gehangen hat?

F: Vielleicht wurde es ihm doch zu mühsam, die süddeutschen Großbibliotheken und Archive mit dem Tandem vom Mühlenhof Cordingen aus anlaufen zu müssen – wer weiß? Anhaltspunkte für die Gründe der Umsiedlung können Sie allerdings auch der Erzählung *Die Umsiedler* entnehmen, die gleich nach den „Schwarzen Spiegeln" entstand – im Mai '52 in Kastel/Saar.

AS: Wind gab krummen Flüchtlingen Püffe in Haar und Augen, mach daß Du weiterkommst, die Wetterhähne schackerten auf den Firsten. Graue Siedlung mit Schiefer gedeckt; zum teufelsten Male die Ronde um Benefeld, immer außen rum [...] was müssen das für Ochsen sein, die sich den Fleischer zum König wählen! [...] und schon erschien der schwarze Dachkeil des Niedersachsenbauern [...] Daß Euch der Kriwitz! [...] Drinnen der Tischfluch über die Sirupschnitte; verschimmelte Wände, wer kann das Loch erheizen

M: Schmidt mochte die Bauern nicht?

F: Ganz und gar nicht; vielleicht ist ihm daher die Darstellung der Heidmark in den „Schwarzen Spiegeln" am liebevollsten geraten: dort ist sie endlich menschenleer.

AS: Abschied nahm ich nachts um Zwölf, da sah ich die albernen Gesichter wenigstens nicht mehr. Intensiver Dorfbummel, for the last time once more, nur selten gab ein Haus noch Licht, um Euch wein ich keine Träne: hatten die ‹Deutschen Rechtsparteien› nicht schon beim ersten schüchternen Anlauf wieder 24% aller Stimmen ‹auf sich vereinigt›?! Wind pfiff auf meinem Ohr und fummelte eilig am Mantel; da wußte ich schon, ich sollte noch einmal mit, auch der spitze Stern zeigte marsch in die Wälder. Die Haidestraßen lagen um Mitternacht schön leer: weicher graupolierter Asphalt, oben der Lichtteich im rauhen Wolkenmoor, die Bö schob mich an und ich fror mich glücklich

M: So endet dann also die Epoche im Mühlenhof Cordingen für Arno Schmidt ...

F: Ja – und nein! Denn in gewisser Weise begann sie ja eben erst im ‚Exil', wo Schmidt sie in Literatur umsetzte: in den „Schwarzen Spiegeln", in den *Umsied-*

lern und schließlich in dem Roman *Aus dem Leben eines Fauns*, dessen Erzähler Heinrich Düring das Haus Nr. 64 in der Kolonie Hünzingen westlich von Benefeld bewohnt und täglich vom Bahnhof Cordingen aus nach Fallingbostel pendelt, wo er im Landratsamt beamtet ist. Und in diesem *Faun*-Roman gibt Arno Schmidt uns auch ein Detail seiner poetischen Imaginationsmethode preis:

AS: Das Mondtotenlicht brannte auch ganz schnell ab; die eckigen Siedlungshäuser schielten sanft aus gelben Winkeln, samtgelb in Stuben, ganz weiche Bilder. (Während draußen Wolken starben!). Draht rasselte einmal am Zaun. Halb-Laut. All dies geschah überm Meßtischblatt 3023.

M: Meßtischblatt 3023? Das ist doch Ihre Karte hier ...

F: Ganz recht: die topographische Karte 1 : 25 000 des Schmidtschen Nachkriegslebensraums. Er benutzte sie im südlichen Exil zur Rekonstruktion der Örtlichkeiten, und auch für uns ist sie ebenso hilfreich wie eine Ortsbegehung – und dabei weniger frustrierend: als ich an Ort und Stelle, nämlich im Sumpf bei Jarlingen, nach der geheimen Hütte des ‚Faun' suchte, war mir kein anderer Erfolg beschieden als nasse Füße und ein gehöriger Schnupfen.

M: Ich will's beherzigen; für meine *Faun*-Lektüre daheim werde ich mir dann also Ihr Meßtischblatt Visselhövede ausleihen, wenn Sie gestatten.

F: Aber gerne. Sie werden im *Faun*-Roman all die Örtlichkeiten der Heidmark finden, die für Schmidt von Belang waren: Cordingen, Benefeld, Bomlitz, Kroge, Ebbingen, Jarlingen undsoweiterundsoweiter. Und auf dem Schienenweg nach Hamburg via Rotenburg kommt Schmidts Erzähler auch durch jenen Ort, von dem aus uns vorhin der Weg in die Heidmark gewiesen wurde:

AS: *Visselhövede* umsteigen [...]; und ich sah im Gehen zur alten Kirchturmspitze hinüber, wo Samuel Christian Pape (1774–1817), der liebenswürdige Dichter, seine Haidejugend verlebt hatte: auch so ein armer Teufel

M: Der Moor- und Heidedichter Pape als Wegweiser zu den schwarzen Spiegelungen der Landschaft Arno Schmidts?

F: Warum nicht?

AS: Ich [...] hänge zumal den dem geographischen Lebensraum Papes. [...] Wieviele ‚Tandemstunden' über leere Heidewege hängen nicht daran; [...] wie oft habe ich nicht – in der herrlichen bösen Zeit vor 49 – besorgt kalkuliert: ob ich noch einmal 10 Postkartenpfennige daran wagen könne, um den nächsten, noch entfernteren, Verwandten Papes zu ermitteln [...] Ganz zu schweigen von so mancher geistigen und persönlichen ‚Verwandtschaft'

M: Na, das mit der ‚geistigen Verwandtschaft' leuchtet mir aber nicht so recht ein: wenn ich die Gedichtchen des guten Pape lese, fühle ich mich doch ein gutes Stück entfernt von der ruppigen Schreibweise Arno Schmidts.

F: Dann achten Sie mal etwas mehr auf die ‚persönliche Verwandtschaft': Sie werden merken, daß Schmidt in mancherlei Hinsicht das Schicksal Papes geradezu nachspielt – und auch vom Erzähler der „Schwarzen Spiegel" nachspielen läßt. In „Schwarze Spiegel" kommen der Hainbund und das Ostermoor vor; die gleiche Entfernung des Schauplatzes zu den Großstädten Hamburg, Hannover und Bremen wird erwähnt und das Menschenleben mit „vierzig Jahre Haken schlagen" übersetzt – all das finden Sie auch in Schmidts späterem Pape-Funkessay!

M: Was natürlich Zufall sein kann: nichts steht einmal bei Arno Schmidt, was nicht auch noch ein zweites Mal – mindestens – dastünde ...

F: Dann gibt der Erzähler der „Schwarzen Spiegel" einem verliebten Jüngling der Vergangenheit einen nachträglichen guten Rat:

AS: fahr nur zu Deiner Johanna!

F: „Johanna" ist Arno Schmidts Jugendschwarm Hanne Wolff – aber auch Samuel Christian Pape heiratete eine Johanna, wie Arno Schmidt in seinem Funkessay nicht unerwähnt läßt.

M: Tatsächlich?

F: Den Höhepunkt erreichen Arno Schmidts Versuche, es Pape gleichzutun, aber in einem verrückten Vorhaben des Jahres 1957. Sie erinnern sich vielleicht: er will in ein einsames Küsterhaus in St. Jürgen bei Lilienthal einziehen.

AS: eine beneidenswerte Wohnung [...] Nur Kirche & 2 Häuser (Pfarre & Küsterhaus).

F: Und nun hören Sie eine andere Lokalitätenbeschreibung:

AS: 2 Feuerstellen nur sind es; nämlich außer der Kirche noch das Pfarr= und das Küster=Haus.

M: Jaja: da meint er wieder sein ersehntes St. Jürgen.

F: Neinnein: so beschreibt Schmidt das Örtchen Grasberg, keine zehn Kilometer von St. Jürgen entfernt, im Zustande des Jahres 1797 – als unser Samuel Christian Pape dort seinen Hauslehrerdienst antrat.

M (verblüfft): Ja, aber – dann wäre ja Pape nicht nur ein nützlicher Wegweiser zur Landschaft Arno Schmidts, sondern Schmidt ein mindestens ebenso verläßlicher Wegweiser zu den Lebensumständen Papes!

F: Ich möchte meinen, dabei können wir es belassen.

Zitatquellen:

Arno Schmidt: *Brand's Haide*. In: Bargfelder Ausgabe, Bd. I/1. Zürich: Haffmans 1987, S. 115-198, hier S. 131, 158, 178, 185.

Arno Schmidt: „Schwarze Spiegel." Ebd., S. 199-260, hier S. 201-219.

Arno Schmidt: *Die Umsiedler*. Ebd. S. 261-297, hier S. 263-265.

Arno Schmidt: *Aus dem Leben eines Fauns*. Ebd., S. 299-390, hier S. 312 f., 350.

Arno Schmidt: „Samuel Christian Pape (1774-1817). Vergessene Dichtung aus Moor und Heide." In: Bargfelder Ausgabe, Bd. II/1. Zürich: Haffmans 1990, S. 175-205, hier S. 182, 187, 197.

Arno Schmidt: *Der Briefwechsel mit Alfred Andersch. Mit einigen Briefen von und an Gisela Andersch, Hans Magnus Enzensberger, Helmut Heißenbüttel und Alice Schmidt.* Hg. v. Bernd Rauschenbach. Zürich: Haffmans 1985, S. 35, 133, 153.

Arno Schmidt: *Fouqué und einige seiner Zeitgenossen. Biographischer Versuch*. Zürich: Haffmans 1987, S. 457.

„Wu Hi?" Arno Schmidt in Görlitz Lauban Greiffenberg. Hg. v. Jan Philipp Reemtsma u. Bernd Rauschenbach. Zürich: Haffmans 1986, S. 205 f., 216 f.

In Sachen Arno Schmidt ./. Prozesse 1 & 2. Hg. v. Jan Philipp Reemtsma u. Georg Eyring. Zürich: Haffmans 1988, S. 34, 53, 62.

Ferner benutzt wurden:

Hans Heinrich Seedorf: *Die Heidmark vor 200 Jahren und heute. Walsrode, Fallingbostel und das mittlere Böhmetal im Jahre 1779*. Hannover: Niedersächsisches Landesverwaltungsamt 1986.

Topographische Karte 1 : 25 000 (Meßtischblatt) 3023 Visselhövede. Preußische Landesaufnahme 1897, Ausgabe 1899, berichtigt vom Niedersächsischen Landesvermessungsamt 1955, Ausgabe 1956.

Haben und Nichthaben
Zu Arno Schmidts Kurzroman *Brand's Haide*

Der Protagonist und Erzähler von *Brand's Haide* heißt „Schmidt“. Einen Vornamen trägt er nicht; „Schmidt“ ist also nicht Arno Schmidt. Diese Differenz gilt es im Blick zu behalten, gerade weil Figur und Autor offensichtlich viel gemeinsam haben. Beide sagen sie gerne „ich“, aber wenn die Figur „ich“ sagt, spricht sie nicht automatisch für den Autor, und wenn der Autor „ich“ sagt, meint er nicht die Figur. In einem Interview mit dem *Spiegel* erklärte Arno Schmidt nach dem Erscheinen von *Brand's Haide*: „Das ‚Ich‘ [...] ist als persönliches Ich, als Arno Schmidt, mißverstanden. Dieses ‚Ich‘ ist ja nur eine literarische Figur, ein Modus der Aussage – der Mensch nach der Katastrophe.“[1] Diese Worte beziehen sich primär auf die im selben Buch publizierte utopische Erzählung „Schwarze Spiegel“, sie gelten aber ebenso für *Brand's Haide*. Auch hier ist das Ich – die Figur namens „Schmidt“ – ein „Mensch nach der Katastrophe“.

Brand's Haide spielt an einem fiktiven Ort, der aber angesiedelt ist in einem realen geographischen Raum in Norddeutschland, in dem Arno Schmidt von Ende 1945 bis Ende 1950 lebte, und zwar unter ebenso ärmlichen und desolaten Umständen wie die Figur „Schmidt“ im Roman. Diese Figur ist ebenso wie ihr Autor Schriftsteller, und wäre Arno Schmidt ein postmoderner Trickspieler, hätte er „Schmidt“ in *Brand's Haide* vielleicht zu einer Figur gemacht, die gerade an *Brand's Haide* schreibt. Doch

---

[1] [Gert Bracht], „Tagebuch-Bericht. Mensch nach der Katastrophe“, *Der Spiegel* 6 (6. Februar 1952), S. 31 f., hier S. 31 f.

Arno Schmidt ist eben kein postmoderner Trickspieler, sondern ein sehr ernsthafter, wenn auch literaturhistorisch etwas verspäteter Meister der Moderne. *Brand's Haide* ist erst im Laufe des Jahres 1950 entstanden, gegen Ende der Zeit, die Arno Schmidt im Mühlenhof Cordingen verbrachte, kurz vor seiner Flucht aus dieser Gegend.

Der fiktive „Schmidt" trifft im fiktiven „Blakenhof" am 21. März 1946 ein, wir lesen von seiner Existenz hier in den Monaten März, Juli und Oktober (also im Frühling, Sommer und Herbst; den schwarzen Winter, in dem alles zu Ende ist, müssen wir uns denken). Wenn wir diese Chronologie mit der Lebenschronik Arno Schmidts im fraglichen Zeitraum überblenden, entsteht eine Unschärfe, beide Zeitleisten passen ungefähr zusammen, aber nicht ganz. Der reale Arno Schmidt ist in dieser Zeit noch als Dolmetscher bei den englischen Besatzungstruppen beschäftigt, eine Tätigkeit, die er seiner Figur erspart. Schon auf der zweiten Textseite – also am 21. März – entschließt „Schmidt" sich, als seinen Beruf „Schriftsteller"[2] anzugeben; gegen Ende des Textes wird er die Berufsbezeichnung wiederholen: „Ein deutscher Schriftsteller am 31. Oktober 1946 ist frei: das Arbeitsamt ist froh, wenn sie wieder Einen los sind; Finanzamt Soltau ist völlig machtlos, denn er verdient ja grundsätzlich unter 600 im Jahr: Nur gesund möcht Einer halt sein, und bedürfnislos: dann ist man frei."[3] Arno Schmidt hingegen wird sich erst im Frühjahr 1947 zur offiziellen Existenz als „selbständiger Autor" entschließen. Geschrieben hat er aber schon zuvor, auch in der Handlungszeit von *Brand's Haide*. Im Februar 1946, kurz vor Beginn dieser Handlungszeit, verfaßt Arno Schmidt als seinen ersten für die Öffentlichkeit bestimm-

---

2 Arno Schmidt, *Brand's Haide*, in Bargfelder Ausgabe, Bd. I/1 (Zürich: Haffmans 1987), S. 115-198, hier S. 118.

3 Ebd., S. 185.

ten Text die Erzählung „Enthymesis oder W.I.E.H“, im Oktober folgt die zweite Erzählung „Leviathan oder Die beste der Welten“; zusammen mit der erst 1948 geschriebenen dritten Erzählung „Gadir oder Erkenne dich selbst“ wird daraus der Debütband *Leviathan*. Diese drei Erzählungen bilden eine indirekte Vorgeschichte zu *Brand's Haide*, und nicht nur, weil Arno Schmidt sie unter Lebensbedingungen verfaßt, die denen der Figur „Schmidt“ ähneln.

Die drei *Leviathan*-Erzählungen schildern jeweils eine Flucht, die mißlingt und mit dem Tod der Hauptfigur endet. In *Brand's Haide* ist der Protagonist einen entscheidenden Schritt weiter; „Schmidt“ ist glücklich entkommen, und er hat die Katastrophe überlebt. Diese Katastrophe teilt er sich mit seinem Autor; es handelt sich um Hitlers Weltkrieg und das Zwangsdasein als Soldat, vornehmlich in Norwegen[4], dem sich eine Kriegsgefangenschaft bei den Briten in Belgien angeschlossen hat[5]. Das Entkommen aus der Kriegs- und Soldatenhölle sollte aus „Schmidt“ eigentlich einen glücklichen Flüchtling machen, doch die offizielle Bezeichnung „Flüchtling“ trägt „Schmidt“ (wie sein Autor) aus einem anderen Grund, nämlich weil er seine Heimat im ehemaligen deutschen Osten verloren hat. Dieser offizielle Flüchtlingsstatus markiert „Schmidt“ als einen derjenigen Angehörigen des Tätervolks, die sich bei Kriegsende zu Opfern stilisieren und die eigene Täterrolle unterschlagen

---

4 Vgl. ebd., S. 127: „ich nickte trübe, dachte an das alte verbaute Schloß Akershus im Mondschein (ich als Unteroffizier Anführer der lautlosen Scharwache, spitzwegmäßig); Herrn Ludwig Holberg, bronzen vorm Theater: Du Blitzkerl, und der Nils Klim; längs die Karl Johans Gate, mischten sich Överaas, Romsdal, Framhus [...].“ Ebd., S. 149: „Romsdalsfjord“. Ebd., S. 177: „Norge: da war ich auch gewesen“.

5 Vgl. ebd., S. 117: „»Brüssel. Vom Engländer.«“

– ein Verhalten, das „Schmidt“ offensichtlich nicht behagt, denn er bezeichnet sich selbst nur ein einziges Mal als „Flüchtling“, und zwar genau in jenem Moment, in dem er auf Flüchtlinge schimpft: „Die Flüchtlinge mit ihren verfluchten Schuppen und Gärtchen und sinnlosen krummen Zäunchen machen die aparteste Landschaft zur Sau! (Ich bin selber Einer, aber Alles hat seine Grenzen!)“[6] Tatsächlich beklagt sich „Schmidt“ kaum konkret darüber, daß er etwas (seine Heimat, seinen Besitz, seine Bücher[7]) verloren hat, seine Klage und Anklage richtet sich vielmehr gegen den Zustand einer Welt, in der die Besitzlosen zu Rechtlosen herabgewürdigt werden und die Besitzenden alle Macht haben. Die Welt von *Brand's Haide* ist eine Welt, in der nur diejenigen etwas gelten, die etwas haben. Folgerichtig wird „Schmidt“ am Ende das wichtigste, was er hat – die Liebe einer Frau –, an einen Mann mit Besitz verlieren. (Dies ist übrigens der Punkt der größten Differenz zwischen „Schmidt“ und seinem Autor: Arno Schmidt lebte in Cordingen bereits mit seiner Ehefrau Alice zusammen, die Liebesgeschichte von *Brand's Haide* und damit der eigentliche Plot des Textes ist frei erfunden.)

Die Mangelwirtschaft in *Brand's Haide*, unter deren Bedingungen noch die simpelsten Dinge wie „Hammer und Zange, Nägel [...] cosa rara“[8] sind, geht soweit, daß „Schmidt“ seiner Geliebten am Ende auf Ihre letzte Bitte hin – „Gib mir noch was. Von Dir!“ – nichts anderes als einen Fetzen von dem geben kann, was er am Leibe trägt: „ich hatte nichts; ich schlug die Hand an die linke Schulter und kam an Stoff; ich riß ein Stück herunter und warf

---

6 Ebd., S. 141.

7 Vgl. ebd., S. 129: „Wenn ich an meine verlorenen Bücher denke, möchte ich am Handgriff ziehen“.

8 Ebd., S. 119.

es ihr hoch“[9]. Zu Beginn des Textes, als „Schmidt“ auf dem Schauplatz erscheint, besitzt er nicht mehr als „meine zerklüftete Kleidung“[10] („meine Wäsche: bloß gut, daß es nur fünf Stücke waren“[11]) und den Inhalt seiner „Munikiste“[12]. Selbst wenn „Schmidt“ seine Besitztümer benennt, betont er damit nicht, was er hat, sondern eher, was ihm fehlt: sein Schreibgerät ist nur ein „Bleistiftrest“[13], und die von ihm erworbene Schlafgelegenheit ist eine „Chaiselongue ohne Kopfteil und Federn, der auch der Bezugstoff fehlt“[14]. Erstaunlicherweise hat er nach eigener Aussage „1100 Mark auf dem Postsparbuch“[15]; wie die Schilderungen seiner Lebensumstände zeigen, nützt ihm allerdings dieses Geld kaum etwas, da man in dieser Mangelwelt für Geld allein nichts kaufen kann, und im Zuge der allseits erwarteten „Währungsreform“[16] wird das Geld ohnehin wertlos werden. Die einzige wirklich schwelgerische Szene des Romans, nämlich die Auspackorgie nach Empfang des CARE-Pakets aus Amerika[17], ist als solche überhaupt nur unter den Bedingungen des allgemeinen Mangels möglich – einfachste Dinge des täglichen Bedarfs werden zu raren Kostbarkeiten und deswegen zum Anlaß größter Freude.

Ganz freudlos nämlich ist diese Mangelwelt nicht. Arno Schmidt selbst sprach im Rückblick einmal von „der herr-

---

[9] Ebd., S. 198.
[10] Ebd., S. 120.
[11] Ebd., S. 143.
[12] Ebd., S. 118.
[13] Ebd., S. 121.
[14] Ebd., S. 120.
[15] Ebd., S. 128.
[16] Ebd., S. 123.
[17] Vgl. ebd., S. 145-147.

lichen bösen Zeit vor 49"[18]. Diese Zeit ist nicht an sich schlecht, sondern wird es vornehmlich durch die gleichsam spätfeudale Besitzherrschaft, die von den Besatzungsmächten nicht angetastet wird. Ihrem Selbstverständnis als ‚Befreier' werden die Besatzungsmächte nur unvollkommen gerecht, weswegen sie sich auch von „Schmidt", der das Ende der Hitler-Herrschaft ohne Vorbehalte begrüßt, vorwiegend kritisch gesehen werden.[19] Kritische Worte verliert er über Russen, Briten und Amerikaner, allerdings nirgendwo im Text über die Franzosen. Dies mag einfach daran liegen, daß die französische Besatzungszone geographisch am weitesten entfernt ist; wahrscheinlicher allerdings scheint, daß die Franzosen aus historischen Gründen von Kritik verschont bleiben. In der Gegend, in der *Brand's Haide* spielt, gab es 133 Jahre zuvor schon einmal eine Besatzungszeit, nämlich die ‚Franzosenzeit': „»Uralter französischer Boden« erwiderte ich, und bewies ihr, daß 1810–13 das französische Kaiserreich hier gewesen wäre; die Böhme war die Grenze: vive l'empereur!"[20] Arno Schmidt hat sich stets positiv über die Errungenschaften geäußert, die in dieser Besatzungszeit nach Norddeutschland kamen, den Code Napoléon schätzte er als großen zivilisatorischen Fortschritt und hat es (beispielsweise in der historischen Revue *Massenbach*, die er kurz vor *Brand's Haide*

---

[18] Arno Schmidt, *Der Briefwechsel mit Alfred Andersch. Mit einigen Briefen von und an Gisela Andersch, Hans Magnus Enzensberger, Helmut Heißenbüttel und Alice Schmidt*, hg. v. Bernd Rauschenbach (Zürich: Haffmans 1985), S. 153 (Brief Nr. 93 v. 16.2.56, an Helmut Heißenbüttel).

[19] Vgl. Schmidt, *Brand's Haide*, a.a.O., S. 186: „Das wäre kein schlechtes Kriterium für die diversen Besatzungsmächte: wer sich da am gemeinsten benommen hat! Totschlagen müßte man solche Bestien!"

[20] Ebd., S. 131.

schrieb) stets bedauert, daß diese Errungenschaften nach Ende der napoleonischen Besatzung wieder abgeschafft und die alten Feudalverhältnisse wieder hergestellt wurden. Diese Restitution erfolgte nach den sogenannten ‚Freiheitskriegen' – eine Bezeichnung, deren Absurdität Arno Schmidt oft beklagte. Die Figur „Schmidt" überblendet beide Besatzungszeiten, wenn sie sich über die Dummheit der Deutschen ereifert: „*Die Tiere!:* Das Gespenst der Freiheit erhob sich vor ihnen, und sie rieben sich ratlose Hände!"[21] Diese Überblendung ist einer von mehreren Gründen dafür, daß der von Arno Schmidt seit der Jugend geschätzte Romantiker Friedrich de la Motte Fouqué und sein Werk untergründig in die Welt von *Brand's Haide* hereingeholt werden, wobei Fouqué allerdings gerade für ein Festhalten an alten Feudalverhältnissen steht (seine Gegenfigur ist für Arno Schmidt der Obrist Christian von Massenbach).

Die Freiheit, die sich die Figur „Schmidt" ebenso wie ihr Autor zu verschaffen sucht, ist das positive Potential der ungeregelten Welt von 1946 und damit die bessere Kehrseite des Mangelzustands. Allerdings erweist sich diese flüchtige Freiheit des Flüchtlings als illusorisch, sie ist reine Vogelfreiheit, d.h. Besitz- und Rechtlosigkeit. Nach Lores Abfahrt erlebt sich „Schmidt" im Bund mit dem Wind, „allein, hellgrau und frei, ni Dieu, ni Maîtresse."[22] Gerade seine Freiheit macht ihn verletzlich und beraubt ihn jeder Sicherheit, damit auch jeder Chance auf dauerhaftes Glück. Er faßt dies ins Bild von der verlorenen Unendlichkeit.

Mit der Unendlichkeit verliert „Schmidt" seine Geliebte. Auf ihre Aufforderung „*Mensch:* Gib mir die Unendlichkeit zurück!" kann er nur abwehrend antworten: „das kann

[21] Ebd., S. 140.
[22] Ebd., S. 198.

ich nicht, Lore!"[23] Er bedauert dies selbst, denn in ihm lebt eine starke Unendlichkeitssehnsucht fort[24]. Die Unendlichkeit ist etwas, wovon in den romantisierenden Texten noch viel die Rede ist, die Arno Schmidt vor 1945 für seine Frau schreibt. Was der Verlust der Unendlichkeit bedeutet, läßt er uns dann durch den Erzähler und Protagonisten seiner Erzählung „Enthymesis" eröffnen: wenn die Welt nicht unendlich ist, sind die Möglichkeiten des Entkommens endlich.[25] Lore bekommt also von „Schmidt" nicht die Unendlichkeit zurück, darum muß sie auf andere Weise fliehen.

Wir lernen: in der realen Welt ist nichts von Dauer; das Leben spielt sich nicht im Kontinuum, sondern immer nur im einzelnen Moment ab. Aus dieser Erkenntnis heraus entwickelt Arno Schmidt die Rastertechnik seiner Prosa, die in *Brand's Haide* erstmals voll entwickelt hervortritt. Die *Leviathan*-Erzählungen hatte er noch als weitgehend konventionelle Tagebücher mit sukzessiven Zeitangaben

---

23 Ebd., S. 180.

24 Vgl. ebd., S. 167 f.: „»*Es gibt* hartgummine Seelen, die sich bei Betrachtung einer Hyperbel der Tränen enthalten können ...« Selbst Grete stutzte: »Sie können auch Unendlichkeit sagen« erläuterte ich finster: Oh, Christian von Massenbach! (Weils nämlich keine Unendlichkeit gibt: wohler wäre Uns dann ...)"

25 Arno Schmidt, „Enthymesis oder W.I.E.H.", in Bargfelder Ausgabe, Bd. I/1, a.a.O., S. 7-31, hier S. 15 f.: „Ich habe früher einmal zu Eratosthenes geäußert: Das Kennzeichen des Geistes ist, daß er die Unendlichkeit will; nun sei die Scheibe unendlicher als die Kugel, also müsse die Erde eine Scheibe sein. Und fügte ungeduldig hinzu, ob er nicht mitfühle, wie fürchterlich es wäre, wenn man eine Kugeloberfläche einmal fertig entdeckt hätte? [...] Dies Wichtigste aber verschwieg ich: wo soll man denn hinfliehen, wenn die Erde eine Kugel ist? Daß man endlich einmal in kein Menschengesicht mehr entsetzt starren muß (und wirf auch jeden Spiegel weg, und schließe beim Trinken die Augen!). [...] Nein, nein, ich will, daß sie eine Scheibe und so unendlich sei: nun folgt doch, ihr gaffendes Pack, wenn ihr könnt!"

angelegt, die ein kontinuierlichen Fortschreiten suggerieren; *Brand's Haide* ist im engeren Sinne kein solches Tagebuch mehr, der Fortgang der Prosa erfolgt nicht mehr über eine Abfolge von Zeitbestimmungen, sondern über scharf hintereinander montierte Einzelsplitter, die jeweils aus einer kursiv gesetzten sprachlichen Injektion als Initialzündung entstehen. Die Diskontinuität des so eingefangenen Daseins wird unterstrichen durch Arno Schmidts unruhige Interpunktion (wozu auch häufige Klammereinfügungen gehören, die den Satzablauf sprengen). Der Zeitfluß wird zerhackt zu Bruchstücken, die der zerschellenden Existenz der in ihrer Not befangenen Figuren angemessen sind.

Aber sie treten dieser Not nicht wehrlos gegenüber; Not macht bekanntlich erfinderisch. Es gibt mindestens vier Methoden, mit dem allgegenwärtigen Mangel umzugehen:

1) Verzicht. In der bereits zitierten Passage kurz vor Schluß, in der „Schmidt" sein Los als freier Schriftsteller definiert, formuliert er: „Nur gesund möcht Einer halt sein, und bedürfnislos: dann ist man frei."[26] Bedürfnislos allerdings erleben wir ihn kaum, „Schmidt" ist jemand, der etwas will, ihm fehlt die eigentliche Freiheit, mit dem Nichts auszukommen.

2) Zuflucht zu Erfindergeist und Surrogaten. „Schmidt" fertigt sich aus seinem Koppel „n Paar Holzlatschen"[27], benutzt ein „*Stück Pappe* [...] als Kehrblech"[28], eine Tür als Tisch[29], eine Blechbüchse als Tasse[30], ein Radio-

[26] Schmidt, *Brand's Haide*, a.a.O., S. 185.
[27] Ebd., S. 120.
[28] Ebd., S. 121; ebd. weiter: „und n Zweig eventuell. Rutenbesen."
[29] Vgl. ebd., S. 123: „fermez la porte; wenn ich auf dem »Bett« saß, war sie, auf den Schemel gestellt, ein Tisch".

gehäuse als Spardose[31]; Mädchen tragen „Mäntel aus Tommydecken“[32]; die „Totenmaske der inconnue de la Seine“[33] läßt sich als Suppenteller verwenden und die Eichelernte als Menschennahrung[34]. Selbst Sprachen lassen sich von demjenigen, dem sie nicht im Original zur Verfügung stehen, „fast täuschend nachahmen“[35].

3.) Leihwirtschaft. „Schmidt“ leiht sich im Verlauf des Buches Handfeger und Kehrblech (beim „Alten“ im Walde, nachdem Lore und Frau Schrader ihm das Gewünschte verwehren)[36], Messer und eine Tasse bei den beiden Frauen[37], eine Bügelsäge bei Frau Bauer[38], ebenso mehrere Eimer[39], außerdem für seine Fouqué-Biographie die Kirchenbücher von Schrader[40], der seine Macht als Leihgeber voll auskostet. Grete borgt sich regelmäßig bei

---

[30] Vgl. ebd., S. 124: „Ist so ne kleine 8 ozs can, hoch und schmal, die Aufschrift konnte ich nicht mehr lesen, weils dunkel war. N bissel auswässern, wirds ohne weiteres ne Tasse!“.

[31] Vgl. ebd., S. 129 f.: „Blaupunkt: wo ist die Zeit hin; Fluch der Vergänglichkeit! (Noch heute hab ich das Kästel, als Piggybank, 20 Mark sind drin.)“

[32] Ebd., S. 140.

[33] Ebd., S. 162.

[34] Vgl. ebd., S. 187: „*»Aber die Eicheln!!«* Schrader war am Zaun und klopfte entzückt auf die Latten, als er die hellgrüne und braunbunte Fruchtfülle erblickte: »Sie wollen ein Schwein fett machen – ?!«“

[35] Ebd., S. 154.

[36] Vgl. ebd., S. 120, bei den Frauen: „können Sie mir etwa Handfeger und Kehrschaufel leihen? Und einen Eimer mit Wischlappen“; ebd., S. 121: „Auch Frau Schrader schmiß mich mißtrauisch raus“; ebd., S. 122, erhält er das Gewünschte dann beim mysteriösen „Alten“, dem Waldbewohner.

[37] Vgl. ebd., S. 128: „Ein Messer und eine Tasse haben sie mir geborgt“.

[38] Vgl. ebd., S. 144.

[39] Vgl. ebd., S. 178: „*Frau Bauer, die Alte:* mit Löckchen: »Ach, könnten Sie mir wohl endlich die Eimer zurückgeben!!«“

[40] Vgl. ebd., S. 133, 139, 159, 167.

Frau Schrader ein Bügeleisen[41] und mindestens einmal auch ein Kochbuch[42]. Für die Zukunft werden schon Überlegungen angestellt, woher eine Schreibmaschine zu leihen sei[43]. Der große Nachteil der Leihwirtschaft ist allerdings, daß sie letzten Endes immer die Macht der besitzenden Leihgeber stärkt, also die bestehenden Verhältnisse bekräftigt, statt die Besitzlosen von diesen Verhältnissen zu befreien.

4.) Als konsequente letzte Möglichkeit (und einzige, die die bestehenden Verhältnisse tatsächlich angreift) bleibt der Diebstahl. „Schmidt" beantwortet sich selbst die betreffende Frage: „»Soll man denn andauernd klauen?! – Schön wärs schon.«"[44] Also stiehlt er habituell Holzscheite beim Superintendenten[45] (und stellt rasch fest, daß Lore das auch macht[46]); im Schuppen lagert er „1 Zentner geklaute Äpfel"[47]; selbst beim Pilzesammeln im Wald handelt es sich strenggenommen um Forstdiebstahl[48]. Auch die Besitzenden klauen, so beispielsweise der

---

41 Vgl. ebd., S. 153.

42 Vgl. ebd., S. 177 f.: „Mathilde Erhards Kochbuch. (Grete hatte sichs von der Schradern geholt: warum wohl!)"

43 Vgl. ebd., S. 166: „Tja, die Maschine! Coldingen, Westensen, Rodegrund. Krumau: »Höchstens im Werk, und die sind so ...« »Hier ist nur aufm Gemeindeamt eine«; und dem stand theoretisch Apel vor, Apel, der große Kuhfürst: »Na, der müßte doch ...!« (Ich werds mal versuchen)."

44 Ebd., S. 142.

45 Vgl. ebd., S. 123: „Beim Superintendenten stand ein Riesenscheiterhaufen am Zaun; ich wollte erst nicht, aber dann steckte ich doch 2 Stückchen ein".

46 Vgl. ebd., S. 129: „»Ich nehm auch meist ein paar mit«, sagte sie [Lore] stählern".

47 Ebd., S. 172.

48 Vgl. ebd., S. 159: „fluchten im Laufen halblaut und ehrlich auf die ewigen Waldwärter, die doch weißgott den Flüchtlingen das bissel Zeug gönnen könnten".

Großbauer Apel „zwei riesige Kreissägen" aus der Eibia.[49]

Diebstahl aus Raffgier ist natürlich moralisch verwerflich; die Beutezüge der Besitzlosen haben allerdings eine andere Qualität, es handelt sich um Mundraub, oft im wortwörtlichen Sinne, wenn sie stehlen, um den Hunger zu bekämpfen. Aber nicht der Körper allein braucht Nahrung, sondern auch der Geist. Wenn „Schmidt" zu Anfang des Textes andeutet, er schreibe diesen „auf britischem Klopapier"[50], dann müssen wir davon ausgehen, daß es sich bei dem Papier um Diebesgut handelt, das „Schmidt" braucht, um schreiben zu können. Nicht nur zum Schreiben ist er auf Diebstähle angewiesen, sondern ebenso zum Lesen: „*Drei* Buchruinen holte ich aus dem Mantel: Stettinius, Lend-lease; Smith: Topper und den armen Spielmann (der hatte in Luthe in einem Zelt gelegen, Morgensonne drum herum, ich stak im Uniformfutteral und bläkte die Augen: eingesteckt hab ichs [...])"[51]. Daß auch der reale Autor Arno Schmidt in den Nachkriegsjahren Nahrungsmittel, Brennholz und Bücher stahl, damit er und seine Frau körperlich und geistig überleben konnten, ist verbürgt.

Die Aneignung fremden Materials auf dem Wege der Leih- und Tauschwirtschaft sowie des dreisten Diebstahls ist jedoch nicht nur Thema von *Brand's Haide*, sondern in einem bestimmten Sinne auch Entstehungsbedingung und -methode des Textes. Arno Schmidts überbordende Metaphorik läßt sich als Materialtransfer durch Tauschaktionen

---

[49] Ebd., S. 195: „*Apel oben,* ich die Hand am Leiterwagen: er hob ganz vorsichtig das Stroh und zeigte zwei riesige Kreissägen. »Die habt Ihr in der Eibia geklaut« sagte ich sofort, der Augur kennt den Genossen".

[50] Ebd., S. 117.

[51] Ebd., S. 128.

beschreiben: Sprachmaterial wird von seinem ursprünglichen Bereich in einen fremden transferiert, Vokabelbestandteile werden durchgetauscht. Vor allem aber hat Arno Schmidt keinerlei Hemmungen, sich fremde Texte anzueignen und in seinen eigenen einzubauen. Einmontiert in den ersten Teil von *Brand's Haide* finden wir über mehrere Seiten hinweg Suzanne de Robillards „*Kurtze Nachricht von meiner Flucht aus Frankreich*“[52]; der zweite Teil inkorporiert historische Berichte des Predigers Overbeck[53], von denen bisher ungeklärt ist, ob sie wortwörtlich einer unpublizierten Quelle entstammen oder lediglich nach dem Muster solcher Quellen komponiert wurden; im dritten Teil von *Brand's Haide* schließlich nehmen lange Lesepassagen aus Fouqués *Alethes von Lindenstein* ein rundes Drittel des Gesamttextes ein[54]. Hinzu kommen noch einmontierte Texte aus Schmidts eigener Produktion, nämlich im ersten Teil der lange Öreland-Traum[55] und in jedem Teil von *Brand's Haide* eine kürzere Traumschilderung[56]. Nach landläufiger Auffassung von der Verfertigung eines literarischen Erzählkunstwerks ist es eigentlich eine Frechheit, den Text auf diese Weise zu strecken, eine Dreistigkeit sondergleichen.

Zudem handelt es sich bei diesen so deutlich sichtbar einmontierten Passagen nur um die Spitze des Eisbergs; unter der Oberfläche ist noch sehr viel mehr versteckt, nämlich in Form von Zitaten und Anspielungen. Arno Schmidt eignet sich einen riesigen Korpus aus der Literaturgeschichte an: Fremdtexte vor allem aus der deutschen

---

[52] Vgl. ebd., S. 133-135.

[53] Vgl. ebd., S. 160-164.

[54] Vgl. ebd., S. 181-184, 190-194.

[55] Vgl. ebd., S. 124-127.

[56] Vgl. ebd., S. 151 f., 173, 185.

Literatur (Minnedichtung, Johann Jakob Brucker, Adelbert von Chamisso, Felix Dahn, Friedrich de la Motte Fouqué, Johann Wolfgang von Goethe, Johann Christian Günther, Hermann Hesse, Ludwig Christoph Heinrich Hölty, E.T.A. Hoffmann, Alexander von Humboldt, Karl Immermann, Jean Paul, Heinrich von Kleist, Maximilian Klinger, Gotthold Ephraim Lessing, Martin Luther, Karl May, Fritz Reuter, Joseph Viktor von Scheffel, Friedrich Schiller, Johann Gottfried Schnabel, Arthur Schopenhauer, Adalbert Stifter, Theodor Storm, Ludwig Tieck, Christoph Martin Wieland, Nikolaus Ludwig von Zinzendorff) und der Literatur englischer Sprache (Charlotte Brontë, Samuel Taylor Coleridge, James Fenimore Cooper, Thomas de Quincey, Charles Dickens, Thomas Hood, Ben Jonson, Thomas Moore, Edgar Allan Poe, William Shakespeare, Thorne Smith, Robert Southey, Robert Louis Stevenson, Jonathan Swift, William Wordsworth), außerdem Werke der Antike (Bibel und Koran, Aristoteles, Epikur, Herodot, Hesiod, Homer, Juvenal, Ovid, Sextus Empirikus, Vergil), aus Frankreich (Honoré d'Urfé, Dumont d'Urville, Jean-Antoine Galland, Jean Jacques Rousseau) und der nordischen Literatur (Hans Christian Andersen, Ludvig Holberg), schließlich allerlei nichtliterarisches Material: *Reader's Digest*, Schlager, Kinderlieder, Opern- und Operettenlibretti, volkstümliche Verse und so weiter.[57] Selbst seine eigenen früheren (noch unveröffentlichten) Texte beklaut Arno Schmidt, was nur konsequent ist, schließlich klaut er auch Material aus seiner Biographie, um es zu Literatur zu machen, und je

[57] Vgl. die detaillierten Nachweise bei Heinrich Schwier, *Lore, Grete & Schmidt. Ein kommentierendes Handbuch zu Arno Schmidts „Brand's Haide"* (München: edition text + kritik 2000); dazu ergänzend Friedhelm Rathjen, „You can't have driven very far. Englischsprachiges in ‚Brand's Haide'", in *Bargfelder Bote* Lfg. 329 (Mai 2010), S. 7-12; wieder im vorliegenden Band, S. 51-60.

genauer wir uns diese Aneignungstechnik besehen, desto deutlicher offenbart sich uns, daß Arno Schmidt mit diesem Material seinen eigenen neuen Text keineswegs streckt, sondern ihn untergründig verdichtet und mit Wirkstoff auflädt. Gleichzeitig stellt er sich selbst und seinen Text in größere Zusammenhänge und auch Kontinuitäten – er schließt sich an die große Literatur aller Zeiten und Völker an und evoziert damit am Ende doch eine Möglichkeit, dem Augenblicksdasein und der Not der ärmlichen Nachkriegssituation zu entkommen. Nicht nur Lore gelingt die Flucht (aber zu welchem Preis!), sondern dem Autor Arno Schmidt gelingt sie auch. Seine Montagetechnik ist die Gegenmethode zu den im Text erwähnten „Demontagesprengungen“[58]; Arno Schmidts Sprengkraft zerstört nicht, sondern schafft neue Zusammenhänge. Sie tut dies, indem sie der Misere des Lebens den Reichtum der Kunst entgegenhält.

Das Schönste und Beste an *Brand's Haide* ist womöglich, daß das Buch an der Oberfläche bestens zu lesen ist, eben als Erzählung über das Dasein von 1946 samt einer eingearbeiteten Liebesgeschichte. Nichts spricht dagegen, das Buch so zu lesen; schon dann ist es ein markantes Leseerlebnis. Das Zweitschönste und Zweitbeste an *Brand's Haide* aber ist: geht man den untergründigen Schichten nach, entstehen unter der (gemäß Schmidts Erzählmodell zerfallenden) Prosaoberfläche neue Vernetzungen, die die fortwirkende Unendlichkeitssehnsucht aufnehmen und auffangen. Wir stoßen auf wichtige Referenztexte, die Arno Schmidts Text in noch schillernderem Licht erscheinen lassen, beispielsweise Wielands intrikat mehrschichtigen Roman *Der Sieg der Natur über die Schwärmerey, oder Die Abenteuer des Don Sylvio von Rosalva*. Heinrich Schwier, wohl der beste Kenner von

---

58 Schmidt, *Brand's Haide*, a.a.O., S. 156.

Brand's Haide, hat darauf hingewiesen, daß der Untertitel von Wielands Werk auch Schmidts Text charakterisieren kann: „Eine Geschichte worinn alles Wunderbare natürlich zugeht"[59]. Wunderliche romantische Geschichten hat Arno Schmidt schon vor 1945 geschrieben, nicht für die Öffentlichkeit, sondern für seine geliebte Frau Alice, mit der er sich eine private Fluchtwelt zu zweit erträumte. In *Brand's Haide* jedoch herrschen ganz andere Bedingungen. Beim zunächst erstaunlichen Rückgriff auf Elemente des Wunderbaren handelt es sich jetzt um keine romantisch-eskapistische Ausflucht mehr, sondern diese Elemente werden hart mit der Oberflächenwirklichkeit konfrontiert. Die Elementargeisterwelt, die Arno Schmidt mit Stoffen von Fouqué und anderen in den Text holt, bleibt keine romantische Märchenwelt, sondern wird überblendet mit neuen Einflüssen. Eines der einschneidendsten Leseerlebnisse Arno Schmidts in den Nachkriegsjahren waren die *Topper*-Bücher des Amerikaners Thorne Smith, unterhaltsame Gegenwartsromane voller Wortwitz und Situationskomik, aber auch mit Figuren, die sich unsichtbar machen und in eine andere Dimension verschwinden können. Hier schaute sich Arno Schmidt nicht nur ab, wie sich Realitätssinn mit burlesk irrealen Elementen wirkungsvoll verbinden ließ, sondern er fand (unter Mißachtung des Diktums, es sei „seit Stifter und Storm unsere Literatur tot"[60]) auch ein Beispiel für den neuen frech-schnodderigen Tonfall, der ab *Brand's Haide* sein eigenes Werk prägt.

---

[59] Vgl. Heinrich Schwier, „Der 9te Nußknakker, oder: Ästhetica in nuce. Bruchstücke zu einer Poetik in Arno Schmidts Romanen *Brand's Haide* und *Schwarze Spiegel*", in Friedhelm Rathjen (Hg.), *Zettelkasten 18. Aufsätze und Arbeiten zum Werk Arno Schmidts. Jahrbuch der Gesellschaft der Arno-Schmidt-Leser 1999* (Wiesenbach: Bangert & Metzler 1999), S. 7-40, hier S. 20.

[60] Schmidt, *Brand's Haide*, a.a.O., S. 177.

Dieser freche Tonfall übrigens war für Arno Schmidts zeitgenössische Kritiker das eigentliche Skandalon seiner Texte; sie verstanden nicht, daß (und wie) man mit solchem Tonfall doch ernsthafte und ambitionierte Literatur schreiben konnte. Aus der ansonsten sehr biederen deutschen Literatur der Nachkriegszeit ragt Arno Schmidt wohl deshalb haushoch heraus, weil er inmitten des Geredes von ‚Neuanfang' und ‚Stunde null' als einziger wirklich eine neue Sprache fand und auch neue Erzähltechniken, die dem von ihm im Alltag erfahrenen Mißverhältnis von materieller Macht-, Besitz- und Rechtlosigkeit einerseits und intellektuell-geistigem Reichtum andererseits gerecht zu werden vermochten: „Kunst überhaupt! – [...] für mich ist das Atemluft, das einzig Nötige, und alles Andere Klo und Notdurft."[61]

Um so mehr schmerzt es Schmidt, nicht nur von der Kritik ignoriert oder nicht ernstgenommen zu werden, sondern auch Leidtragender der auf kommerziellen Erfolg schielenden Verlagsentscheidungen im Hause Rowohlt zu sein. Einen Seitenhieb auf das für ihn enttäuschende Verhalten des Verlags baut er in *Brand's Haide* ein: „Mit der Post wieder lange Bücherprospekte: drucken jetzt bloß 20–30 Jahre alte anerkannte Schlager."[62] Dies ist ein recht unverhohlener Kommentar nicht nur zur Rowohlt-Programmgestaltung, sondern eben auch dazu, daß Rowohlt bei der Publikation von Schmidts Texten vorsichtiger agiert, als Schmidt das möchte. Statt dessen publiziert Rowohlt zuhauf (und mit einigem Verkaufserfolg) Bücher von Autoren, die Schmidt überhaupt nicht schätzt oder sogar für künstlerisch indiskutabel hält – und mit einer Folgerichtigkeit, die außer ihm wohl wenigen Autoren zuzutrauen ist, baut Schmidt Attacken auf diese

---

[61] Ebd., S. 165.
[62] Ebd., S. 177.

Rowohlt-Autoren in seinen eigenen bei Rowohlt erscheinenden Kurzroman ein: auf den „politischen Invertebraten [...] Hjalmar“ Schacht[63], den „Nazi Hamsun“[64], „Sartres Gelumpe“[65] und auf „Hemingway“ (mit dem Kommentar „stinkt mich an“[66]). Als Schmidt im Mai 1951 seinen nächsten Text – „Schwarze Spiegel“ – schreibt, setzt er diese zwar indirekte, aber zumindest im Verlag schwerlich zu überlesende Kommentierung des Verlagsprogramms fort, nämlich mit einer heftigen Abkanzlung von Büchern mit „plakatischen Umschlägen“ (womit sichtlich die Taschenbuchreihe rororo gemeint ist), und kritisiert in harschen Worten „Hemingway, sowohl Fiesta als auch Haben und Nichthaben. [...] Und Wolfe und Faulkner.“[67] Ganz gewiß ist es kein Zufall, daß alle drei Autoren von Rowohlt mit großem Aufwand beworben und sehr erfolgreich verkauft werden; speziell bezieht sich Schmidt auf die Verlagswerbung für Faulkners Roman *Wendemarke* (im Februar 1951 als rororo-Band erschienen), derzufolge Faulkner „neben Ernest Hemingway und Thomas Wolfe in Deutschland der führende Repräsentant der neueren amerikanischen Literatur“[68] sei. Daß alle drei Autoren von der Rowohlt-Verlagswerbung in den Himmel gejubelt werden, muß Schmidt, der sich solchen Einsatz gewiß für seine eigenen Bücher gewünscht hätte, verdrossen haben. In seiner eigenen letzten Veröffentlichung bei Rowohlt, dem um die Jahreswende 1952/53 geschriebenen Roman

[63] Ebd., S. 139.

[64] Ebd., S. 177.

[65] Ebd., S. 163. Sartre ist zu dieser Zeit der Autor mit den meisten Neuerscheinungen im Rowohlt-Programm.

[66] Ebd., S. 165.

[67] Arno Schmidt, „Schwarze Spiegel“, in Bargfelder Ausgabe, Bd. I/1, a.a.O., S. 199-260, hier S. 251.

[68] William Faulkner, *Wendemarke,* Roman (Hamburg: Rowohlt Taschenbuch 1951), Rubrik „Zu diesem Buch“ (vor der Paginierung).

Aus dem Leben eines Fauns, setzt sich die Schelte des Rowohlt-Verlags fort; angegiftet wird nun Balzac („Balzac, Balzac: kein Dichter; kein Verhältnis zur Natur [...] o mei!!: den einzigen ‹Anton Reiser› geb ich nicht für Balzac und Zola zusammen!“[69]), dessen riesige Werkausgabe seit 1952 bei Rowohlt nachgedruckt wird. Solche planmäßigen Seitenhiebe auf die Programmgestaltung des eigenen Verlags bleiben diesem naturgemäß nicht verborgen; Alice Schmidt notiert in ihrem Tagebuch einige Reaktionen anläßlich der Besprechung über *Brand's Haide*: „Ledig gefielen die Anspielungen auf den Verlag nicht. Marek: ›ach, warum nicht.‹ Ledig: ›Du willst bloß gerne drinn [sic] vorkommen, gelt?‹“[70] Wenn wir streng sind, müssen wir sagen: an den betreffenden Stellen von *Brand's Haide* hört „Schmidt“ auf, als innerfiktionale Figur zu sprechen, und verficht die Interessen seines realen Autors Arno Schmidt, dem er in seinem leider untauglichen Versuch, den Literaturbetrieb mit den Mitteln der Literatur auszuhebeln, zu Hilfe eilt. Wahrlich ein unerhörter Vorgang!

---

[69] Arno Schmidt, *Aus dem Leben eines Fauns*, in Bargfelder Ausgabe, Bd. I/1, a.a.O., S. 299-390, hier S. 375 f.

[70] Alice Schmidt, „Schlemmen mit Rowohlt. Tagebuchaufzeichnung vom 24. 10. 1950“, in Vincent Klink, Stephan Opitz (Hg.), *Die Rübe. Magazin für kulinarische Literatur*, Nr. 1 (Zürich: Haffmans 1988), S. 118-123, hier S. 121. Diese Tagebuchstelle läßt den Verdacht zu, im nicht erhaltenen ursprünglichen Manuskript von *Brand's Haide* habe es noch mehr verlagskritische Stellen gegeben als in der schließlich publizierten Fassung.

You can't have driven very far
Englischsprachiges in *Brand's Haide*

Schon in dem, was Arno Schmidt vor 1945 schreibt, finden sich gelegentlich englischsprachige Begriffe und Formulierungen; als Quellen und Urheber lassen sich in der Regel einige wenige von Schmidt früh geschätzte Autoren ermitteln: Rudyard Kipling (Jerofsky-Briefe), Samuel Taylor Coleridge (Jerofsky-Briefe, *Dichtergespräche im Elysium*, „Der junge Herr Siebold"), William Shakespeare (Jerofsky-Briefe, *Dichtergespräche im Elysium*, „Der junge Herr Siebold", „Der Rebell", „Die Fremden", „Pharos"), Thomas De Quincey („Die Insel"), Edgar Allan Poe (*Dichtergespräche im Elysium*), Walt Whitman („Der junge Herr Siebold"), Laurence Sterne („Die Fremden"). In den Nachkriegstexten setzt sich der zaghafte Rückgriff auf Englischsprachiges fort – der „Leviathan" beginnt mit einem offenbar von Schmidt selbst verfaßten englischen Passus und enthält zudem Shakespeare- und Coleridge-Zitate; in den Briefen der *Wundertüte* werden Poe und (als ausdrücklich *nicht* geschätzter Autor) William Somerset Maugham originalsprachlich angeführt.[1] Die ersten Texte, in denen Fre-

---

[1] Die genauen Fundstellen sind am schnellsten zu finden über die ausführlichen Register meiner Bücher zu Schmidts Rezeption der englischsprachigen Literaturen. Vgl. Friedhelm Rathjen, „Arno Schmidts hundert Amis. Kommentiertes Register der von Schmidt rezipierten amerikanischen Autoren", in ders., *Westwärts. Arno Schmidt und die amerikanische Literatur* (Scheeßel: Edition ReJoyce 2007), S. 183-265, sowie ders., „Arno Schmidts dreihundert Insulaner. Kommentiertes Register der von Schmidt rezipierten englischen, schottischen, irischen und walisischen Autoren", in ders., *Inselwärts. Arno Schmidt und die Literaturen der britischen Inseln* (Scheeßel: Edition ReJoyce 2008), S. 195-447. Beide Re-

quenz und Vielfalt englischsprachiger Einsprengsel jenem Niveau nahekommen, das wir fortan durchgängig von Schmidts Werk gewohnt sind, sind *Brand's Haide* und „Schwarze Spiegel". Einen Teil dieser Einsprengsel hat Heinrich Schwier in seinen Handbüchern als Zitate identifiziert und auf einen wiederum recht überschaubaren Kreis von Urhebern zurückgeführt; in der Reihenfolge der Zitierhäufigkeit handelt es sich dabei um zitathafte Anspielungen auf Thorne Smith, Dickens, Poe, Cooper, De Quincey, Shakespeare, William Wordsworth, Thomas Hood, Robert Louis Stevenson, John Galsworthy, Coleridge, Kipling, Thomas Moore, John Masefield und William Somerset Maugham.[2] Damit ist allerdings noch nicht alles Englischsprachige erfaßt; ergänzend möchte ich nachfolgend Quellenvermutungen und -belege zu weiteren Textdetails in *Brand's Haide*[3] geben, auch zu solchen Stellen, die als eindeutige Zitate zu unspezifisch sind, aber zumindest Spekulationen darüber erlauben, woher Schmidt die entsprechenden Begriffe und Formulierungen haben könnte. Wie sich zeigen wird, geht es dabei immer wieder um eine spezielle – im engeren Sinne keineswegs literarische – Quelle.

*

gister inzwischen auch vereinigt (und erweitert): Friedhelm Rathjen, *Von Tatwin of Canterbury bis John Lennon. Kommentiertes Register der von Arno Schmidt rezipierten Autoren aus der anglophonen Welt* (Südwesthörn: Edition ReJoyce 2018).

2 Vgl. Heinrich Schwier, *Lore, Grete & Schmidt. Ein kommentierendes Handbuch zu Arno Schmidts Roman „Brand's Haide"* (München: edition text + kritik 2000), sowie ders., *Niemand. Ein kommentierendes Handbuch zu Arno Schmidts „Schwarze Spiegel"* (München: edition text + kritik 2009). Die genauen Fundstellen sind über die Register der Bände auffindbar.

3 Vgl. Arno Schmidt, *Brand's Haide*, in Bargfelder Ausgabe, Bd. I/1 (Zürich: Haffmans 1987), S. 115-198. Zitiert unter Nennung der Seitenzahl nach dieser Ausgabe.

118 don't ask me, why.

Diese verbreitete Floskel könnte Schmidt aus George Eliots Roman *The Mill on the Floss* kennen, für dessen Kenntnis und Lektüre sich allerdings erst in Schmidt-Texten des Jahres 1956 starke Indizien finden lassen[4]. Vgl. deswegen: Alberta Wilson Constant, „They Set a Good Table", in *Reader's Digest* 300 (April 1947), S. 129-131, hier S. 131 (in einer orgiastischen Aufzählung üppiger Speisen, darunter auch Schmidts Leibgericht „macaroni and cheese"): „Of course we always had ham – boiled ham, never baked. Our hams came from the country. A good one was at least three years old and weighed around 17 pounds. / You first soaked it overnight in warm water. Then you put it in a washboiler surrounded by sweet-smelling hay (don't ask me why) and covered it with water, tossing in a handful of mixed spices, three or four little red-pepper pods, some brown sugar and molasses."

129 which I am doubtful of!

Vgl. Robert Louis Stevenson, „The Isle of Voices", in ders., *South Sea Tales*, hg. v. Roslyn Jolly (Oxford: Oxford University Press 1999), S. 103-122, hier S. 108: „Keola, [...] if you are a wise man (which I am doubtful of) you will think you slept this afternoon on the verandah, and dreamed as you were sleeping." Eine weitere mögliche Quelle für Schmidts Kenntnis der Wendung sind die Tagebücher von Samuel Pepys (Tageseintrag vom 22. November 1668); allerdings gibt es kaum In-

---

4 Vgl. Friedhelm Rathjen, „Angeln und Sachsen. Chronologie der Beschäftigung Schmidts mit englischen Autoren", in ders., *Inselwärts*, a.a.O., S. 9-34, hier S. 23.

dizien dafür, daß Schmidt sich einmal ernsthaft mit Pepys beschäftigt hätte.

130 Piggybank

Vgl. die Scherzmeldung „Stuck Pig“, in *Reader's Digest* 300 (April 1947), S. 33: „In Mobile, Ala., a housewife, short of cash, guiltily broke into her baby's piggy bank, found only a note inside: 'IOU $5. (signed) Daddy.'“

130 busy motion

Die Formulierung übernahm Schmidt wahrscheinlich aus der Übersetzung, die Coleridge von Schillers *Wallenstein* erstellte. Vgl. Samuel Taylor Coleridge (Üb.), *The Death of Wallenstein; A Tragedy, in Five Acts*, in *The Poetical Works of Coleridge, Shelley, and Keats, Complete in one Volume* (Philadelphia: Howe 1832), S. 168-203, hier S. 197 (V.1):

WALLENSTEIN (*moves to the window*).
There is a busy motion in the Heaven,
The wind doth chase the flag upon the tower,
Fast sweep the clouds, the sickle of the moon,
Struggling, darts snatches of undertain light.
No form of star is visible! That one
White stain of light, that single glimmering yonder,
Is from Cassiopeia, and therein
Is Jupiter. (*A Pause.*) But now
The Blackness of the troubled element hides him!

131 You can't have driven very far.

Schmidt zitiert hier eine amerikanische Werbekampagne, von der er aus jener Lektüre erfahren hatte, die ihm seine Schwester regelmäßig aus Amerika schickte. Vgl. David

E. Scherman, „He Put Burma-Shave on the Map“, in *Reader's Digest* 305 (September 1947), S. 46:

> When Allan Gilbert Odell got a Minnesota farmer to let him erect a few signs on the edge of his property in 1926, he let loose upon America a torrent of doggerel from undercover poets throughout the country. He also put his father's almost moribund Burma-Vita shaving cream company in the black and, incidentally, brightened the lives of motorists.
>
> In the early days Odell scared up most of the jingles himself, basing his selections on time-tried vaudeville and radio gags. His earliest choice was:
>
> *Does your husband misbehave,*
> *Grunt and grumble, rant and rave?*
> *Shoot the brute some Burma-Shave.*
>
> Any doubts about these new jingles catching on with the public were quickly dispelled by the response from the following early string of signs:
>
> *Rip a fender off your car,*
> *Mail it in for a half-pound jar. ...*
> *Burma-Shave!*
>
> In not time 25 wag-motorists had wrapped up and mailed in 25 ripped-off fenders!
>
> As business picked up, Odell tried to get big-name poets to write the jingles, but found they wanted too much. Today the company has settled on a nation-wide contest that brings in 50,000 annually. From these, top company officials cull 25, pay their authors $100 each. Some of the contest entries which give the judges a laugh never reach the road:
>
> *Listen, birds, these signs cost money.*
> *So roost awhile, but don't get funny.*

But rhymes such as these, changed each year, pass with flying colors:

The wolf who starts to roam and prowl
Should shave before he starts to howl.

He had the ring, he had the flat,
She felt his chin and that was that.

She kissed the hairbrush by mistake.
She thought it was her husband Jake.

Safety jingles are favorites ranging from the classic shortie 'From bar to car to gates ajar' to:

Passing school zones take it slow,
Let our little shavers grow.

They missed the run, car was whizz'n;
Fault was her'n; funeral his'n.

Of one thing Odell is firmly convinced – that his signs are never ignored. As one verse goes:

If you don't know whose ads these are,
You can't have driven very far.

Der ganze Text ist eine leicht gekürzte und umgestellte Fassung eines zuerst anderswo erschienenen (und dort zusätzlich mit Abbildungen versehenen) Zeitschriftenartikels (David E. Scherman, „Speaking of Pictures ... Burma-Shave is out again with poetic ad campaign“, in *Life*, 2. Juni 1947, S. 14-16); es ist aber fast sicher davon auszugehen, daß Schmidt die Fassung aus dem *Reader's Digest* und nicht die aus *Life* kannte. Verwendet hat Schmidt den am Ende beider Artikel zitierten Slogan übrigens schon im Vorspiel zu *Massenbach*, und zwar als Einfall einer Verlagswerbung für sein eigenes erstes Buch, allerdings in deutscher Übersetzung: „ein Sandwichman [...]: auf dessen Doppelschild steht einerseits »Ro-Ro-Ro – / Weißt Du nicht gleich, was das hier heißt, / Bist Du wohl noch nicht weit gereist!« auf der anderen Seite »Arno Schmidt / Leviathan / das Buch der Wochenmitte«“[5]. Und auch Schmidts Kollege Nabokov hat sich von der Kampagne inspirieren lassen, nämlich zu einer eigenen Variante – vgl. Vladimir Nabokov, *Lolita* (New York: Putnam 1955), S. 158: „The Bearded Woman read our jingle and now she is no longer single“.

151 watch out for flying parts.

Vgl. den von Helen R. Stockemer eingesandten Witz „Stop Signs“, in *Reader's Digest* 335 (März 1950), S. 98: „A 1949-model car driving down Hollywood Boulevard last fall evidently belonged to a disgruntled owner. For boldly painted on its side was the warning: ‘Watch out for flying parts.’“

152 you may lie to it!

Schmidt verwendet hier eine nicht korrekte Form; in der korrekteren Fassung „you may lay to it!“ findet sich die Floskel später in „Der arme Anton Reiser“ und „Es soll der Dichter mit dem König gehen“[6]. Vgl. Robert Louis Stevenson, *Treasure Island*, hg. v. Emma Letley (Oxford: Oxford University Press 1985), S. 57 f. (Kap. XI): „‘Taint much use for fools, you may lay to it – that, nor nothing,’ cried Silver. ‘But now, you look here: you're young, you

---

[5] Arno Schmidt, *Massenbach. Historische Revue*, in Bargfelder Ausgabe, Bd. II/1 (Zürich: Haffmans 1990), S. 7-104, hier S. 11.

[6] Arno Schmidt, „Der arme Anton Reiser“, in Bargfelder Ausgabe, Bd. III/3 (Zürich: Haffmans 1995), S. 160-162, hier S. 161. – Arno Schmidt, „Es soll der Dichter mit dem König gehen“, ebd., S. 259-266, hier S. 259.

are, but you're as smart as paint. I see that when I set my eyes on you, and I'll talk to you like a man.'" Arno Schmidt besaß in den frühen 1940er Jahren eine englischsprachige Ausgabe von *Treasure Island*[7], die jedoch bei Ende des Krieges verloren ging; erst im August 1951 erwirbt seine Frau wieder eine Ausgabe, wodurch sich erklärt, daß Schmidt fortan die Floskel wieder korrekt zitiert. Bei der Niederschrift von *Brand's Haide* ist ihm aber möglicherweise auch eine ähnliche Formulierung dazwischengeraten, die er bei Thorne Smith finden konnte. Vgl. Thorne Smith, *Topper. A Ribald Adventure* (New York: Pocket Books 1939), S. 170: „I'd actually lie down to it."

194 and with a lavish hand

Vgl. Thorne Smith, *Topper Takes a Trip* (London: Barker 1936), S. 95: „Mr Topper's friends made a place for him at their table and insisted on his sitting down. Everyone wanted to buy him a drink. A man who could do such things as Topper had already done should be received with a lavish hand."

198 den Dreß Babe Ruth's

Vgl. Jack Sher, „What Baseball Owes to Babe Ruth", in *Reader's Digest* 300 (April 1947), S. 1-5. (In diesem Heft auch der wichtigste Hintergrundtext für Schmidts „Seelandschaft mit Pocahontas" – vgl. Donald Culross Peattie, „America's First Great Lady", ebd., S. 308-311.)

*

---

7 Vgl. Susanne Fischer, „Alice Schmidt in Greiffenberg um 1944", in *Bargfelder Bote* Lfg. 309-310 (August 2008), S. 3-12, hier S. 10.

Die hier von mir ermittelten Quellen, also vor allem das *Reader' Digest* und Thorne Smith, geben einigen Aufschluß darüber, auf welchem Wege Schmidt in den Nachkriegsjahren seine englischen Sprachkenntnisse ausbaute. Sicherlich hat dabei auch sein Dolmetscherdienst für die Briten in der Hilfspolizeischule Benefeld eine (im Detail schwer abschätz- und schon gar nicht belegbare) Rolle gespielt; Schmidts Aneignung von sprachlichen Fertigkeiten und Kenntnissen fand aber primär in der Lektüre statt. Mit den Texten der oben genannten Autoren von Shakespeare über De Quincey, Coleridge und Dickens bis zu Kipling und Galsworthy, die Schmidts englischsprachigen Lektürekanon bis 1945 bestimmten, war er naturgemäß sprachlich nicht wirklich auf der Höhe der Zeit. Hier bedeuteten die Bücher von Thorne Smith einen merklichen Schritt nach vorn, auch hinein in die Regionen eines flapsig-lockeren Sprachwitzes, wie ihn Schmidt ab *Brand's Haide* dann in deutscher Sprache entwickelte.[8] Die Lektüre der aus heutiger Sicht ein wenig antiquierten, für Schmidt damals aber fraglos neuartigen *Reader's-Digest*-Hefte, in denen er vor allem die humoristischen Rubriken geschätzt zu haben scheint, unterstützten diesen Schritt erheblich. Mit der Rückführung Schmidtscher Sprachbrocken auf diese Quelle erweist es sich im Übrigen, daß Schmidt selbst unspezifische und einigermaßen verbreitete Wendungen, die er in seinen eigenen Texten fallen läßt, in der Regel aus ganz speziellen, vielfach auch eindeutig identifizierbaren Quellen schöpfte. Schmidt scheint sich seiner aktiven englischen Sprachbeherrschung viel zu unsicher

---

[8] Vgl. dazu Friedhelm Rathjen, „Die drei Buchruinen. Zur Relevanz von Grillparzer, Stettinius und Thorne Smith für ‚Brand's Haide' und ‚Schwarze Spiegel'", in *Bargfelder Bote* Lfg. 261-262 (Mai 2002), S. 3-19, hier S. 12; wieder im vorliegenden Band, S. 95-118.

gewesen zu sein, um ohne derartige Rückendeckung etwas formulieren zu mögen – umso beharrlicher stellt sich allerdings die Frage, ob es für den Vorspruch zum „Leviathan“, also den Brief jenes „Jonny“ an Frau Betty, nicht doch irgendeine (womöglich unpublizierte) Vorlage gibt.

„Hat viel geregnet“
Zur Grundbefindlichkeit von „Schwarze Spiegel“

Den Titel von Arno Schmidts Kurzroman „Schwarze Spiegel“ übersetzt der Erzähler des Textes selbst und erklärt ihn dabei: „Schwarze Spiegel lagen viel umher; Zweige forkelten mein Gesicht und troffen hastig. (‹Hat viel geregnet› heißts wohl auf Einfachdeutsch).“[1] Damit ist der Titel aber noch keineswegs auserklärt. Vielmehr verweist er in einem weiteren Sinne auf Arno Schmidts Darstellungsprinzip und seine Stellung zur Weltrealität: Wirklichkeit wird abgebildet, d.h. reflektiert, aber der Reflex erfolgt ins Dunkle hinein. Schmidts schwarzer Spiegel ist keineswegs identisch mit einem „goldenen Spiegel“ à la Wieland.

Die Spiegelung initiiert gleichzeitig die Aufsplitterung in zwei Realitätsebenen: einerseits die Welt, andererseits ein Abbild der Welt; oder auch: einerseits die Welt, andererseits ein Gegenbild der Welt. Der Spiegel ist im gewissen Sinne ein Zerrspiegel.

Dieser Ansatz bringt ab 1945 den Neuanfang in Schmidts Werkentwicklung. Im Krieg selbst schreibt Schmidt gewissermaßen weiße Spiegel (vielleicht auch goldene Spiegel), nämlich antiquierte romantische Erzählungen. Hier handelt es sich also noch nicht um eine spiegelnde Konfrontation mit der Welt, sondern vielmehr um eine Weltflucht, um eine Projektion von Idyllen – letzten

---

[1] Arno Schmidt, „Schwarze Spiegel“, in Bargfelder Ausgabe, Bd. I/1 (Zürich: Haffmans 1987), S. 199-260, hier S. 213. Vgl. auch ebd. eine knappe Seite zuvor: „Hat viel geregnet.“ Außerdem ebd., S. 228: „Hat viel geregnet.“

Endes um die feigste Art von Opposition, die nämlich darin besteht, die Augen zu (ver)schließen.

Mit dem Kriegsende reißt Schmidt die Augen auf, er holt jetzt die standhafte Opposition nach. Die Opposition gegen alles Verabscheuenswerte der Welt wird zum Denkprinzip und zum Schreibantrieb. Die radikale Weltopposition kann zweierlei bedeuten: 1. eine Opposition in der Welt; 2. eine Opposition gegen die Welt. Schmidts Weltopposition hat etwas von beiden Aspekten an sich; gegen die Welt lebt eine Unendlichkeitssehnsucht fort, obwohl Arno Schmidt sehr wohl weiß, daß es keine Unendlichkeit (mehr) gibt. In *Brand's Haide* haben wir es lesen können, nicht lange vor dem Ende: „»*Mensch:* Gib mir die Unendlichkeit zurück!« stöhnte Lore (meine Lore!) neben mir. Ich schwenkte (Grete im Arme) zu ihr; ich sagte: »Du!« Pause. »Nein!« sagte ich: »das kann ich nicht, Lore!«“[2]

Er kann es nicht – aber Schmidt bedauert, daß er es nicht kann; die Sehnsucht bleibt bestehen, haftet sich jedoch nicht an nebulöse Traumgebilde, sondern an die Fixpunkte der materiellen Realität. Daher Schmidts entschiedenes Bekenntnis: „Es giebt nichts schärfer Erregendes für meine Phantasie, als Zahlen, Daten, Namensverzeichnisse, Statistiken, Ortsregister, Karten.“[3] Die Welt wird reduziert auf ihr Knochengerüst (= „Schwarze Spiegel“!), aber dies geschieht, um das Knochengerüst in der Phantasie wiederum anreichern zu können.

Dies führt uns auf den speziellen Solipsismus von Arno Schmidt. Die Welt wird nicht ignoriert, sondern sie wird als Anstoß und Anlaß genommen, dem ein Gegenbild

---

2 Arno Schmidt, *Brand's Haide*, ebd., S. 115-198, hier S. 180.

3 Arno Schmidt, *Kosmas oder Vom Berge des Nordens*, ebd., S. 439-502, hier S. 483.

abzuringen ist. Arno Schmidts Erzählwelten sind Welten im Kopf, aber sie sind Welten eines Kopfes, der die Welt draußen zuvor gesehen und vereinnahmt hat. Hierher rührt der *Spiegel*effekt der Literatur, und hierher rührt auch die *Schwärze* dieser Literatur.

Schwärze in literarischen Weltspiegelungen ist in den 50er Jahren vor allem bei Samuel Beckett zu finden. Becketts Einakter *Fin de partie* (*Endspiel*, 1956) entwirft eine Welt nach dem düsteren Ende der Welt, womöglich nach der Atomkatastrophe. Eben dies ist auch in „Schwarze Spiegel" der Fall. Becketts *Fin de partie* spielt im Schädel, umgesetzt als kahles Zimmer mit zwei hohen kleinen Fenstern als Augen. Das Modell vom Schädel als leerem Zimmer, als hohler Kugel, in deren Mittelpunkt sich die Spiegelung der verlorenen Unendlichkeit findet, ist aber auch ein Prinzip von „Schwarze Spiegel":

> *Reziproke Radien* (und der Einfall faszinierte mich für 5 Minuten). – Denken Sie an graphische Darstellung von Funktionen mit komplexen Variabeln, und zwar eben an den erwähnten Spezialfall: ein schicklichstes Symbolum von Mensch im All (denn der ist der Einheitskreis, in dem sich Alles spiegelt und dreht und verkürzt! Die Unendlichkeit wird zum tiefsten inneren Mittelpunkt, und wir haben durch den unsere Koordinaten gekreuzt, unser Bezugssystem und Maß der Dinge. Nur die Peripheriehaut ist sich selber gleich; die Grenzscheide zwischen Makro und Mikro. – In einer Einheitskugel könnte man ja einen dreidimensionalen unendlichen Raum projektiv wiedergeben.–)[4]

---

[4] Schmidt, „Schwarze Spiegel", a.a.O., S. 213.

Fin de partie wird beherrscht von der Angst davor, daß sich die Menschheit von neuem entwickeln kann: die Entdeckung eines Flohs gilt deshalb schon als Unglücksfall. Auch dies entspricht einer Haltung in „Schwarze Spiegel“, wo das Ende der Menschheit bejubelt wird: „Und wenn ich erst weg bin, wird der letzte Schandfleck verschwunden sein: das Experiment Mensch, das stinkige, hat aufgehört!“[5]

Schmidt hat jedoch Beckett nie gelesen: er hat seine eigene Moderne erfunden, ganz auf sich gestellt, indem er längst vergessene literarische Traditionen extrem und konsequent in die Zeitläufte seiner Gegenwart extrapoliert. Schmidt hat *keine* Verbindung zur zeitgenössischen Weltliteratur, stellt sich aber aus eigener Kraft auf verblüffende Weise in den Kontext dieser Weltliteratur. Es ist daher kein gar so großes Wunder, daß gleich bei Erscheinen von Schmidts ersten Büchern die Kritiker in Schmidt einen überhitzten Joyce-Epigonen zu erkennen meinen, wiewohl Schmidt in Wahrheit zu dieser Zeit Joyce noch gar nicht kennt. Ähnliches läßt sich für sein (tatsächlich nicht vorhandenes) Verhältnis zu Proust sagen. Nehmen wir die allbekannte Stelle vom *Faun*-Anfang:

> *Mein Leben?!:* ist kein Kontinuum! (nicht bloß durch Tag und Nacht in weiß und schwarze Stücke zerbrochen! Denn auch am Tage ist bei mir der ein Anderer, der zur Bahn geht; im Amt sitzt; büchert; durch Haine stelzt; begattet; schwatzt; schreibt; Tausendsdenker; auseinanderfallender Fächer; der rennt; raucht; kotet; radiohört; »Herr Landrat« sagt: that’s me!): ein Tablett voll glitzernder snapshots.

[5] Ebd., S. 224.

> *Kein Kontinuum, kein Kontinuum!:* so rennt mein Leben, so die Erinnerungen (wie ein Zuckender ein Nachtgewitter sieht)[6]

Kundige Interpreten haben in dieser Stelle den Einfluß der Existentialisten erspäht, und in der Tat liegen die Parallelen zu Proust nahe – aber mit allergrößter Wahrscheinlichkeit hat Schmidt weder die Existentialisten noch Proust gekannt, als er den *Faun* schrieb. Ohnehin sind wohl bei aller wahrnehmbaren Ähnlichkeit die Differenzen aufschlußreicher und wichtiger, gerade auch in der programmatischen Formulierung „so rennt mein Leben, so die Erinnerungen“. Erinnerungen sind zwar stets virulent bei Schmidt, werden jedoch nicht (wie bei Proust) in der Vergangenheit gesucht, sondern direkt in die Gegenwart hereingeholt.

Und ebenso wie Erinnerungen werden auch angelesene Schicksale behandelt. Eben deshalb kann die Titelfigur des *Faun* ein Deserteursschicksal aus der „Franzosenzeit“ (d.h. der napoleonischen Besatzung) nachvollziehen. Und nach dem gleichen Muster wird gelegentlich die Gegenwart in die Zukunft verlegt. „Schwarze Spiegel“, wo eben dies geschieht, ist Utopie und Anti-Utopie zugleich – einerseits ist es eine Wunschprojektion aus der Gegenwart in die Zukunft, andererseits werden aber die Gedankenspiele des Erzählers durch die Ängste der Gegenwart wieder eingeholt.

Für Arno Schmidt ist Literatur eine Form der (gebrochenen) Wunscherfüllung, und dies mit zwei Aspekten:

1. Die Demütigungen der persönlichen Lebensumstände werden durch forsches Auftreten, durch Rücksichtslosigkeit und Schroffheit kompensiert.

---

6 Arno Schmidt, *Aus dem Leben eines Fauns*, in Bargfelder Ausgabe I/1, a.a.O., S. 299-390, hier S. 301.

2. Die geheimen Sehnsüchte werden in die Realität projiziert.

Aus diesen beiden Trieben (deren erster vereinfachend als Haß, deren zweiter als Liebe zu bezeichnen wäre) ergeben sich die Zwiespalte und Widersprüche, die Schmidts Werk durchziehen und einen großen Teil seiner Wirkung ausmachen. In „Schwarze Spiegel" ist es im Kern so, daß die Liebe sich auf einen (ehemaligen) Lebensraum richtet, der Haß auf die Bewohner dieses Lebensraums. Konsequenterweise wird im Text der Lebensraum von seinen Bewohnern geräumt; der Erzähler kommt als letzter Mensch in die Gegend, die Schmidt kurz zuvor (der Bewohner wegen) verlassen hat. Die utopische Menschenleere ist das, was Schmidt mit den ersten Absätzen des Textes sofort definiert. Der Text beginnt mit einer Zeitbestimmung in Gestalt des knappen ersten Absatzes: „*(1. 5. 1960)*"[7]. Damit ist für zeitgenössische Leser des im Mai 1951 geschriebenen und noch im selben Jahr in dem Band *Brand's Haide* erstveröffentlichten Textes sofort erkennbar, daß es sich um einen utopischen Text handelt. Auf die Zeit- folgt bald die Ortsbestimmung, nämlich noch auf der ersten Seite: „Drüben war eine Schilderei; ich latschte müde hin ‹Holzindustrie Cordingen› stands über höllisch hellgelb und schwarz geringelten Pfählen."[8] Sogleich wird auch eine grundlegende Situationsbeschreibung gegeben, Stück für Stück in Stichpunkten, wobei das entscheidende Stichwort ein wenig hinausgezögert wird. Der zweite Absatz des Textes teilt mit: „*Lichter?* [...] –: – Nirgends. (Also wie immer seit den fünf Jahren)."[9] Das muß hier noch etwas kryptisch erscheinen, doch im dritten

---

[7] Schmidt, „Schwarze Spiegel", a.a.O., S. 201.
[8] Ebd.
[9] Ebd.

Absatz ist unterstützend die Rede von „der zerbröckelten Straße (von den Rändern her haben Gras und Quecken die Teerdecke aufgebrochen [...])“[10], womit die Rückübernahme der Weltherrschaft durch die Natur hinreichend angedeutet ist, und kurz darauf (im sechsten Absatz) bestätigt die „eine Skelettdame am Steuerrad (also wie immer seit den fünf Jahren!)“[11] den Verdacht, die Menschheit lebe nicht mehr. Das einzige Rätsel, das zunächst bleibt, ist die Frage nach den mehrfach erwähnten „fünf Jahren“, also danach, was genau hier passiert ist. Das entscheidende Stichwort „Atombomben“, das Aufklärung bringt, wird gezielt hinausgezögert, fällt dann auf der zweiten Textseite (im insgesamt elften Absatz) aber doch noch und reicht vollkommen hin, den Fall zu klären: „*Wie immer:* die leeren Schalen der Häuser. Atombomben und Bakterien hatten ganze Arbeit geleistet.“[12] Wir sind endgültig in einem Text angekommen, in dem es aus präzis spezifizierten Gründen außer dem Erzähler und uns Lesern (als stillen Teilhabern) keine Menschen gibt. Das Endspiel beginnt.

---

[10] Ebd.
[11] Ebd.
[12] Ebd., S. 202.

Arno Schmidts Lebens- und Lesetext in einer Passage von „Schwarze Spiegel“*

Die Fabel ist knapp: der letzte Mensch gerät auf seiner Rundfahrt durchs Dorf Benefeld an einen Zeitungskiosk und in die Post, wird durch ein Straßenschild auf ein nahegelegenes Verpflegungslager der Briten aufmerksam und passiert auf dem Weg in dieses Verpflegungslager den Ort Walsrode, wo er einen Blumentopf ins Amtsgericht wirft. Fast genau drei Seiten benötigt für diesen Textabschnitt die Bargfelder Werkausgabe: von 206.9 bis 209.6[1]. Im folgenden soll diese Passage nicht im eigentlichen Sinne interpretiert werden (was auch kaum nötig scheint); vielmehr geht es darum, so etwas wie die ‚persönliche Seite‘ des Textausschnitts sichtbar zu machen: die durch Lebensumstände und Lesevorlieben Schmidts bedingten Textdetails. Die per definitionem öffentliche Publikation Arno Schmidts aus dem Jahre 1951 wird also zurückgeführt auf einen privaten Text. Durch dieses Verfahren soll keineswegs nahegelegt werden, zum *Lesen*

---

* Dieser Beitrag basiert auf den Notizen für einen Vortrag, den ich am 14. Mai 1991 im Rahmen eines Studientages des Goethe-Instituts in Paris halten konnte. Seinem Zweck gemäß wurde dem Vortrag ein einführender Gestus unterlegt; es geht also nicht um eine lückenlose Stellenannotierung des gewählten Textausschnitts, wie sie Heinrich Schwiers Handbuch *Niemand* bringt. – Für die Ermöglichung der Reise nach Paris danke ich Herrn Dr. Lechner und Frau Gerloff vom dortigen Goethe-Institut; außerdem Christa Bruns, Margret Edeler, Birgit Egle und Hannah Schlage.

1 Zur genaueren Quellenauffindung aller Zitate aus „Schwarze Spiegel“ gebe ich parenthetisch im fortlaufenden Text Seiten und Zeilen, und zwar nach dem Abdruck in der Bargfelder Ausgabe, Bd. I/1 (Zürich: Haffmans 1987), S. 199-260.

der „Schwarzen Spiegel“ müsse man die zu ermittelnden Details wissen; vielmehr soll angedeutet werden, was Schmidt zum *Schreiben* dieser Passage in genau dieser Fassung brachte. Der Ansatz ist also ganz und gar produktionsästhetisch – daß freilich gerade die produktionsästhetischen Privatissima fast zwangsläufig in eine bestimmte Form von ins Private des Lesers zielender Wirkungsästhetik münden, kann hier nur postuliert und nicht erläutert werden.

Am Anfang kommt der Erzähler vom Benefelder Sportplatz, und zwar mit dem Fahrrad, das für den letzten Menschen in Schmidts verkrüppelter Welt fast so wichtig ist wie für den verkrüppelten Menschen in der letzten Welt von Becketts Roman *Molloy*. In Klammern steht ein unscheinbares Aside, das für den Erzählablauf folgenlos bleibt: „Rad stand im Schatten, ja? – Warum eigentlich?“ (206.10 f.) Hier scheint der Detailrealismus der Schmidtschen Prosa auf, der besser als ihre Faktensättigung zu bezeichnen wäre: die Sache mit dem Schatten hat natürlich Hand und Fuß. Fahrradreifen drohen zu platzen, wenn sie zu lange direkter Sonneneinstrahlung (206.9: „*So sott die wilde Maisonne*“) ausgesetzt sind. Freilich ist dieses Argument für den Schatten im vorliegenden Fall irrelevant, weil Schmidts Erzähler ein Fahrrad mit Vollgummireifen besitzt, die nicht platzen können. Schmidt charakterisiert seinen Erzähler mit der eingeklammerten offenen Frage also einerseits als einen Pedanten, der alle Vorschriften eifrig befolgt, auch wenn er sie im Moment nicht durchschaut, andererseits aber auch als ein Gewohnheitstier, das von seinen Lebensregeln auch da nicht lassen kann, wo sie obsolet geworden sind.

Ganz und gar unvorschriftsmäßig benimmt sich der Pedant aber im nächsten Augenblick: er fährt mitten „auf der Kreuzung [...] acht Kreise“ (206.13). Daß es ausgerechnet acht sein müssen, läßt sich am ehesten mit der

Unendlichkeitssehnsucht der Schmidtschen Helden erklären: sie wissen zwar, daß die Unendlichkeit unwiederbringlich verloren ist, trauern aber diesem Verlust insgeheim immer nach. Die Zahl 8 läßt sich durch einfaches Kippen zum mathematischen Unendlichkeitszeichen ∞ (das übrigens ein bißchen auch wie ein Fahrrad aussieht) umfunktionieren; so ist es denn sicherlich kein Zufall, daß diese Zahl in *Brand's Haide* und „Schwarze Spiegel“ überproportional häufig auftaucht.[2] Der Kontrast zur Unendlichkeit erscheint gleich nach den acht Kreisen, als der Erzähler gleichsetzt: „*Illustrierte:* die Pest unserer Zeit!“ (206.15) Die Formulierung „unserer Zeit“ ist allerdings nicht nur in Opposition zur überzeitlichen Unendlichkeit zu lesen, sondern markiert gleichzeitig eine durchgängige Opposition im Denken des Erzählers: er bezeichnet nämlich als ‚unsere Zeit‘ eine Epoche, der er doch eigentlich schon seit fünf zeitschriftenfreien Jahren entwachsen scheint, und offenbart damit seine höchst ambivalente Haltung dieser Vergangenheit gegenüber.

Die Illustrierten bieten dem Erzähler Gelegenheit, über zwei Berufsstände herzuziehen: „es gibt nichts Verächtlicheres als Journalisten, die ihren Beruf lieben (Rechtsanwälte natürlich noch!)“ (206.16 f.) Die Juristenschelte ist, wie noch näher zu erläutern sein wird, biographisch begründet, nämlich mit dem Mietsachenprozeß Arno

---

2 Als erster hat Heinrich Schwier bei der Arbeit an seinen Handbüchern zu *Brand's Haide* und „Schwarze Spiegel“ entdeckt, daß das überproportional häufige Auftreten der Zahl Acht in beiden Texten mit dem Unendlichkeitstopos korreliert ist, und mir diese Beobachtung dankenswerterweise mitgeteilt. Vgl. Heinrich Schwier, *Lore, Grete & Schmidt. Ein kommentierendes Handbuch zu Arno Schmidts Roman Brand's Haide“* (München: edition text + kritik 2000); ders., ders., *Niemand. Ein kommentierendes Handbuch zu Arno Schmidts „Schwarze Spiegel“* (München: edition text + kritik 2009).

Schmidts; die Journalistenschelte kann den Erzähler nicht davor feien, dem schnöden Triebappell der Bildjournalisten doch zu erliegen: er besieht „fast nackte Mädchen" auf Titelblättern, „und da mußte ich doch schlucken, und einige Häuser zurückreiten" (206.17-19). Doch nicht nur zur Charakterisierung dessen, der sich nicht freimachen kann von dem, was er überwunden glaubt, hat diese Stelle ihre Funktion: sie liefert auch den Anlaß, der Fabel der Erzählung den vom Autor gewünschten Verlauf zu geben, ohne die Regeln der Ortsgeographie zu verletzen. Der Erzähler gelangte vom Sportplatz aus zwangsläufig an jene Kreuzung, an der zu Schmidts Zeiten in der Tat ein Kiosk (mit „Leihbücherei") stand[3]. Heimwärts ginge es jetzt nach Westen, doch Schmidt muß seinen Protagonisten nach Osten zur Kreuzung an der Post bringen, um ihn dort das englische Straßenschild auffinden zu lassen, und genau deshalb läßt er ihn unter dem Vorwand der Mädchenschenkelei „einige Häuser zurückreiten", d.h. sich vom Wohnsitz fortbewegen.

Eine Crux der Fabel von „Schwarze Spiegel" besteht darin, daß Schmidt seinen Erzähler zunächst zum wohnsitzlosen Vaganten macht, ihn aber gerade im eigenen Nachkriegslebensraum dann doch festhalten möchte. Es müssen also Vorwände her, die diese Gegend so attraktiv machen, daß der dauernde Wohnsitz darin dem weiteren Umherstreifen vorzuziehen ist. Ein wichtiger dieser Vorwände ist natürlich „8 miles von hier [...] ein englisches Verpflegungslager" (206.20 f.), das das Straßenschild an der Post-Kreuzung anzeigt. Die zunächst befremdliche Meilen-Rechnung ist fraglos dadurch bedingt, daß gerade

---

[3] Vgl. die Abbildung zur entsprechenden Textpassage in *Arno Schmidt im Forum. Arno Schmidt in Benefeld 1945-50. Photos und Texte „Schwarze Spiegel"* (Bomlitz: Forum Bomlitz o.J. [1990]), S. [19].

die Engländer in Norddeutschland Besatzungsmacht waren; sie ermöglicht aber wiederum die Nutzung der Zahl 8 (in Kilometern gerechnet wäre die Distanz größer gewesen) und damit einen erneuten impliziten Hinweis auf die Unendlichkeit, wobei ja gerade dieses Schild den wenn schon nicht unendlichen, so doch zumindest „längeren Aufenthalt in dieser Gegend“ (206.23) ermöglicht.

Lokalgeographisch korrekt ist, daß der Erzähler gerade an dieser Straßenkreuzung „das Postamt“ (206.25) entdeckt, und darin wendet er sich schnurstracks der Telefonzelle zu: „ich schritt kalt hinein und raffte den Hörer“ (206.29). Es liegt auf der Hand, in dem naßforschen Auftreten des Erzählers eine Wunschprojektion des unauffälligen und angepaßten Bürgers (und das heißt: Arno Schmidts – und auch seiner Leser) zu sehen; er kann es sich erlauben, rücksichtslos aufzutreten und das Verbotene zu tun, ohne von irgendwem kontrolliert werden zu können. Dem gleichen Zweck dient gleich zu Beginn natürlich die bodenlose Frechheit, „daß ich mich [...] aufs Pflaster setzte, mitten auf den Asphalt“ (206.9 f.): der Sinn dieser Handlung ergibt sich erst daraus, daß ihre Ausführung unter normalen Umständen jedermann verwehrt bleibt. Erst das Verbot läßt seine Übertretung wünschenswert erscheinen – und zwar eher für den Autor als für seinen Erzähler, für den das Verbot ja lange nicht mehr existiert: er bleibt stets unbehelligt; er ist einfach frech, ohne mit Sanktionen rechnen zu müssen.

Der Erzähler knurrt in den kaltschnäuzig zum Ohr gerafften Hörer: „»Mn-ja?!«; Utys meldete sich; ‹tote› Leitung“ (206.30). Hier findet sich ein Musterbeispiel für Arno Schmidts Weise, assoziativ die Weltliteratur herbeizuzitieren, ohne sie deswegen gleich zu mehr als nur einzelnen Snapshots benutzen zu müssen; von ähnlicher Rasanz ist die plakettenhafte Manier, in der eine Seite später sprunghaft assoziiert wird: „ist aber auch cosa rara, und das wiederum eine Oper von Martini“ (207.40). Plakettenhaft ist der Gebrauch der Vokabel „Utys“ aus der *Odyssee*, die gleichzeitig die Koseform von „Odysseus“ und das griechische Wort für „Niemand“ ist und von Odysseus als List beim Umgang mit dem Zyklopen eingesetzt wird, weil dieser Kontext der odysseischen Zyklopenepisode die Stelle der „Schwarzen Spiegel“ keinesfalls erhellt: so sehr man sich mühen mag, die Telefonzelle versuchsweise mit der Höhle des Zyklopen gleichzusetzen oder ähnliche Zuordnungen vorzunehmen, so wenig läßt sich darin doch irgendeine Folgerichtigkeit ausmachen. „Utys“ ist nichts anderes als eine literarische Übersetzung der Vokabel „niemand“, und nicht nur in jenem Text, in dem Schmidt die Skelettierung der Welt zum Thema macht, partikularisiert er die Weltliteratur zu solchen Einzelvokabeln. Allerdings läßt sich die Erzählung „Schwarze Spiegel“ vage als eine ausschnitthafte neue Odyssee auffassen, wenn man eine andere Textstelle hinzudenkt: „die ewigen Jagdgründe der Phantasie: den fliegenden Holländer und Odysseus müßte man in einer Geschichte identifizieren“ (203.18 f.). Natürlich ist das auch eine Aufforderung an den Leser, der ihr in der Geschichte namens „Schwarze Spiegel“ ohne größere Mühe nachzukommen vermag. Immerhin lautet aber doch die wortwörtliche Übersetzung der indianischen „ewigen Jagdgründe“ einfach: „gestorben“; dies ist die „‹tote› Leitung“. Wo Odysseus den Namen Utys als List benutzt, um sich hinter dem Deckmantel des Niemand-Seins und des Nicht-Seins zu verstecken, versteckt sich hinter dem Utys, dem Niemand der „Schwarzen Spiegel“ das Echo der lauschenden Erzählerfigur in der Hörermuschel; in einer Welt aus lauter Nicht-Existenzen ist der Erzähler einziger Jemand und stellt als solcher die gesamte Menschheit dar, also einen namenlosen Nobody als letztes von Nobodaddy’s Kindern.

Bei der Beendigung seines erfolglosen Telefonierversuches zeigt sich der Erzähler erneut als Pedant: „also auflegen, sorgsam, auflegen“ (206.30 f.). Gleich darauf konterkariert er diese Akkuratesse aber wieder mit dem Benehmen des Outlaws, der Vagantennatur: „Mit einem Satz war ich auf dem Zahlbrett und hinüber, im Allerheiligsten“ (206.33 f.). In der Anspannung dessen, der Verbotenes tut, ist das Heißlaufen der Sprache nur natürlich: „Tinte trockte rot und schillergrün“ (206.35 f.). In dem Neologismus „Tinte trockte“ erscheint ein erster, noch schüchterner Hinweis auf sprachliche Expressivität und damit, literarhistorisch gesprochen, auf die Stilpraktiken des Expressionismus, der uns noch beschäftigen wird. Charakteristisch für Schmidts Gebrauch solcher Stilpraktiken ist dabei, daß sich der genannte Neologismus ohne großen Aufwand aufklären läßt. Da die vom Verbum „trocknen“ abgeleitete Präteritalform „trocknete“ den Akt des Trockenwerdens bezeichnet, läßt sich für den Zustand des Trockenseins das Verbum „trocken“ mit der Präteritalform „trockte“ extrapolieren. Schmidts Neologismus ist also von der Wortbildungslehre her nur konsequent und völlig korrekt.

Eine Zeile darauf wird die im Grunde schon durch jenen Schatten, in den das Fahrrad der gleißenden Sonne wegen gestellt wurde, angerissene Licht-/Schatten-Metaphorik aufgegriffen: „nutzlos hingen die milchernen Lampenkugeln, albern, antiquiert wie ein Blinddarm“ (206.36 f.). Die Opposition aus Licht und Schatten tritt hier in äußerster Ambivalenz hervor: die Lampe, eigentlich ein Lichtspender, ist defekt und zudem von Staub ‚beschattet‘. Dem entspricht das Prinzip von „Schwarze Spiegel“: nichts ist so tot wie Leben, das einmal war. Freilich ist auch nichts so lebendig wie die Wunschprojektion, die von der toten Materie ausgeht: „mollige Mädchenhüften“ (206.30) sind nicht nur deshalb mollig, weil Schmidts

Erzähler allgemein eine Präferenz für den kräftig gebauten Frauentypus hegen, sondern auch, weil die Üppigkeit des weiblichen Fleisches als Wunschprojektion höchst folgerichtig ist in einer Welt, in der Frauen nur noch in extremer Magerkeit existieren – nämlich als Knochengespinste. Daß die Skelette der Außenweltrelikte in der Projektion der Phantasie mit Fleisch beladen werden, könnte als Grundprinzip des Literaturschaffens bei Arno Schmidt angesehen werden, wenngleich diesem Prinzip in „Schwarze Spiegel" zuvor seine Umkehrung vorausgeht, indem die Realwelt hier zunächst ihrer Fleischlichkeit entvölkert wird. Naturgemäß sind aber die Bedingungen der Fleischesprojektion da am günstigsten, wo diese nicht mehr von vorgegebenen Fleischesrealitäten verengt wird.

Daß die phantasierende und projizierende Auffüllungstätigkeit des „Schwarze-Spiegel"-Erzählers sich jedoch von den Realitätsvorgaben der Vergangenheit noch nicht ganz lösen kann – und sei die Bindung auch nur durch den Impuls zur ständigen Kontrastierung gekennzeichnet –, zeigt die Einbettung der Mädchenhüften: „mollige Mädchenhüften hatten über jenem staubstumpfen Polster geritten" (206.28 f.). Dieser Satz enthält eine Verkürzung, denn die Polster waren ja gerade noch nicht staubstumpf, als es die Mädchen noch gab. Durch die logische Verkürzung wird einerseits der Kontrast zwischen belebter Vergangenheit und toter Gegenwart verstärkt; andererseits werden beide Zeitebenen durch ihre Überblendung auch miteinander verschweißt, indem die Gegenwart in die Vergangenheit hineingedrückt und die Vergangenheit in die Gegenwart hereingeholt wird.

„Und der Geistersopran: Sprechen Sie noch?!" (206.40) Hier bricht wieder der Schmidtsche Detailrealismus auf, denn getreulich repliziert wird die Standardfrage der Telefonistinnen, die so mechanisch und ausdruckslos ausgesprochen zu werden pflegte, daß die Bezeichnung

„Geistersopran" höchst zutreffend scheint. Da es aber in „Schwarze Spiegel" gar keine Telefonistin mehr gibt, bleibt das „Sprechen Sie noch?!" Chimäre: der „Geistersopran" ist ganz konkret der Sopran einer Geistererscheinung – Utys meldet sich. Im nächsten Absatz übt sich der Erzähler erneut an raschen Rollenwechseln zwischen dem gesetzeslosen Draufgänger und dem Pedanten: er entwendet eine Postkarte, „um noch dem erloschenen Gesetz meine Verachtung zu bezeigen" (207.1 f.), überlegt aber unmittelbar im Anschluß daran: „die grüne 10-Pfennig-Marke war schon aufgedruckt: eigentlich könnte ich eine schreiben" (207.2 f.). Natürlich könnte er ebensogut ohne gültiges Wertzeichen die Postkarte beschriften (oder sogar gerade dann erst, wenn es ihm darum geht, Gesetze zu mißachten). Der Akt des Kartenbeschriftens wird zunächst genutzt, um eine Erwartungshaltung beim Leser aufzubauen, die Schmidt dann nicht erfüllt: „Falls wirklich außer mir noch ein Mensch am Leben war. Und zufällig hierher kam. Und die Karte sah…" (207.4-6). Nach den Gesetzen der Robinsonade wäre aus diesen Formulierungen zu folgern, daß nun eine Botschaft an den potentiellen Leidensgenossen notiert wird; statt dessen erfolgt eine vorsätzliche Irreführung in Form des Schreibens an Klopstock.

Dieses Schreiben ist nicht so schnell zu Papier gebracht, wie die Kürze des Textes vermuten läßt, denn es gibt da einige Formalia zu klären: „die Postleitzahl machte mir doch Skrupel: Naumburg: das war doch schon drüben in der ehemaligen deutschen demokratischen Republik" (207.8-10). In der Tat war es das, und dort hatte Naumburg die Postleitzahl 4800 – also sinnigerweise jene, die in der BRD später dem Schmidtianerzentrum Bielefeld gehört. Doch das weiß Schmidts Erzähler nicht, und so macht er ein „Fragezeichen in den Kreis, Ordnung muß sein" (207.10 f.) – eine erneute pedantische Geste, die wenig zu dem verächtlich-burschikosen „‹Gottlieb› oder so“ (207.7) passen will. Zumindest erwähnt sei an dieser Stelle, daß der schöne Satz „Ordnung muß sein“ auch in der Antikriegsdichtung „Zuginsfeld“ jenes Otto Nebel steht, von dem noch zu sprechen sein wird.

Das Schreiben an Klopstock, vielleicht das konziseste Stück Literaturkritik aller Zeiten, ist inzwischen auch aus der zu Lebzeiten unveröffentlichten *Wundertüte* Arno Schmidts bekannt: „*»Anbei den Messias zurück«*. Und Unterschrift. (Genügt vollkommen für den Fall.)“ (207.12) Ist die Knappheit schon als solche recht erfrischend, so erscheint sie besonders sinnreich zur Erledigung eines Werkes, das vor allem seiner endlos-schwerfälligen Länge wegen so unverdaulich ist – und daß Klopstocks *Messias* zum „Fall“ wird, entbehrt auch nicht einer gewissen Ironie.

Der Erzähler steckt seine Karte vorschriftsmäßig in den Briefschlitz, ganz der beamtenhafte Pedant – und wird im gleichen Moment wieder zum rabiaten Bürgerschreck: „öffnete die hölzerne Box mit einem Fußtritt“ (207.15). Gleichzeitig findet noch ein zweiter Rollenwechsel statt: hatte der Erzähler eben noch einen zufälligen Leser seiner eigenen Post antizipiert, so wird er jetzt selbst zu einem solchen und macht sich über die Briefe anderer her. Bevor er dies im einzelnen tun kann, nimmt er eilig einige Quantifizierungen vor: was er zertritt, ist „Sperrholz, 5 mm“ (207.16); was er findet, sind „zirka 50 Briefe und Karten“ (207.16); erfüllt sind sie „alle mit Namen, Zahlen, Daten“ (207.17). Das erinnert an das bekannte Zitat aus dem *Kosmas*: „Es giebt nichts schärfer Erregendes für meine Phantasie, als Zahlen, Daten, Namensverzeichnisse, Statistiken, Ortsregister, Karten.“[4] Dieses Zitat, das

---

[4] Arno Schmidt, *Kosmas oder Vom Berge des Nordens*, in Bargfelder Ausgabe, Bd. I/1, a.a.O., S. 439-502, hier S. 482.

nicht selten als Beleg für Arno Schmidts realistische und materialistische Welthaltung genommen wird, identifiziert sich durch die Begriffe „Erregendes“ und „Phantasie“ genau als das Gegenteil.

Was Schmidt an dieser Stelle des *Kosmas* zum Ausdruck bringt, ist jene Haltung, die in „Schwarze Spiegel“ vielleicht noch stärker oder zumindest augenfälliger als sonstwo den künstlerischen Entwurf bestimmt: Schmidts Phantasie läßt sich erregen von Datengerüsten, die sich als Skelette ihres Fleisches entledigt haben und so projizierend mit neuem Fleisch, neuem Welt- und Lebensstoff angereichert werden können. Arno Schmidts manische Zahlen- und Faktenliebe ist nicht die des peniblen Mathematikers, sondern die des Zahlenmystikers, des Schamanen, des Alchemisten; die Reduktion auf „reine“ Datengerüste preist Schmidt nicht, weil er totes Datengeröll als solches schätzt, sondern weil er es gerade dann imaginierend mit Leben anreichern kann, wenn fremdes, vorgegebenes Leben bis auf relikthafte Spuren daraus entwichen ist. Insofern reicht ihm der *äußere* Anblick eines Stapels mit 50 Briefen und Karten schon hin, um das Innenleben dieser Postsachen zu imaginieren; das „einen Brieföffner brauchte ich nicht“ (207.18) kann auch in diese Richtung gedeutet werden, und dazu paßt es, daß zumindest einer der zitierten Briefe mit ziemlicher Sicherheit gerade im Benefelder Postamt *nicht* zu finden gewesen wäre.

Die ersten drei Briefe, die der Erzähler sich vornimmt, beschreiben den Weg vom allgemeinen Gerede zur Konkretion. Der erste Brief enthält nur Floskeln: „Nun, einmal muß es ja wieder besser werden…“ (207.20) – der Zynismus des Weltenlaufs ist es natürlich, daß dieses „muß“ seine eigene Logik besitzt und daß die einzige bessere Zukunft die Zukunftslosigkeit ist. Der zweite Brief belegt eine konkrete Weltrealität mit konkreten Namen: „»… Lux hat sieben Junge gehabt..« (‹Lux›: eine große sandbraune Schäferhündin; wußte ich intuitiv [...])“ (207.22 f.). Hier entwirft Arno Schmidt das ergänzende Gegenbild zu seinen eigenen Darstellungsabsichten: er läßt seinen Erzähler lesen, wie er sich die Lektüre durch seine Leser wünscht. Arno Schmidts Darstellungsziel war es bekanntlich, Realia durch sprachlich ‚zuschärfst angespitzte‘ Einzelheiten so suggestiv aufzurufen, daß der Leser intuitiv entsprechende Bilder und Vorstellungen aus seinem Erinnerungsvorrat abruft; genau dies geschieht, als der „Schwarze-Spiegel“-Erzähler den Namen „Lux“ liest.

Gleichzeitig ist „Lux“ das Licht, und so wird das Signal gesetzt für die Wiederaufnahme der Licht-/Schatten-Metaphorik, die im nachfolgenden Absatz – dem dritten Brief – bestimmend ist: „im Schatten der Kirche“ (207.27) hat der Schreiber „lange ins Lampenlicht gestarrt“ (207.27), und auch in „scheinheilig“ (207.28) blitzt das Licht unmerklich auf. Schließlich erklärt der Erzähler den Verfasser des Briefes ausdrücklich zum „Kollegen Schattenreisenden“ (207.37) – eine doppelte Verknüpfung beider Figuren, da bereits das Wort ‚Schattenreisender‘ allein auf den vagantenhaften Erzähler verweisen würde. Gleichzeitig erzielt die Formulierung „grüßte mit Haupt und Hand“ (207.26) eine enge Parallelführung zu der späteren Stelle „Ich salutierte den beinernen Poeten mit der Flasche“ (219.2 f.), die ausdrücklich auf den Autor des ganzen Textes bzw. auf seine sterblichen Überreste gemünzt ist: „ein literarischer Hungerleider, Schmidt hatte er sich geschimpft“ (218.40). Am Ende des Besuchs des Erzählers beim Knochengerüst seines Schöpfers heißt es – im unmittelbaren Anschluß an den zitierten Salut –: „(den Schädel müßte man mitnehmen und bei sich aufstellen); dann schwang ich mich wieder durch die dicke Fensterhöhle“ (219.4). Es gehört nicht viel Mut dazu, anhand der an Augenhöhlungen erinnernden „Fensterhöhle“ die Ineinssetzung von Poetenschädel und Poetenwohnung zu wagen: der „Schwarze-Spiegel"-Erzähler dringt dann nicht nur in das unheizbare Loch Schmidts ein, sondern gleichzeitig in den Schädel dieses literarischen Hungerleiders; er befindet sich direkt in dem Künstler-Kopf, der ihn selbst imaginiert (wobei allerdings darauf hinzuweisen ist, daß „Schwarze Spiegel" gerade nicht mehr im Mühlenhof Cordingen geschrieben wurde, in dem diese Szene spielt).

Die Kollegenschaft der Schattenreisenden – vom Briefeschreiber über den Erzähler hinaus bis zum Autor – wird weiter bestärkt durch den Inhalt des fraglichen Briefes. Da fällt die Formulierung „‹Nebel›, ach unser Leben" (207.30 f.), und in direkter Reaktion darauf sinnt der lesende Erzähler „ins gesplitterte Holz" (207.32) – Holz und Nebel sind auch die Namen zweier Autoren, die mit Vornamen Arno bzw. Otto heißen, also gemeinsam zu Arno Otto Schmidt führen. Das Holz läßt gleichzeitig an das schon erwähnte „Sperrholz, 5 mm" denken und auch an den – ebenfalls mit einer Quantifizierung verbundenen – Fluch: „*Wehe dem Manne*, der nicht wenigstens 10 Mal in seinem Leben bereut hat, daß er kein Tischler wurde!" (217.14 f.) Das „in seinem Leben" erinnert doch sehr an das dem „Nebel" angehängte „ach unser Leben" des Briefes – wessen Leben aber ist gemeint, wenn nicht ‚mein Leben', das Leben Arno Schmidts?

Der Briefeschreiber ging „am Hause Deiner Eltern in der Brüderstraße vorbei" (207.26) und stand dort „im Schatten der Kirche" (207.27); obwohl sich in „Schwarze Spiegel" die Handlung genau auf dem Meßtischblatt nachvollziehen läßt, erfolgt hier ein topographischer Sprung: die Brüderstraße gibt es keineswegs in Benefeld – statt dessen schildert der Brief genau die Topographie Laubans in Schlesien. Ebendort schrieb Arno Schmidt im Jahre 1934 das Gedicht „Verbrüderung" mit der Zeile „und streichle dich so süß und schwer"[5] und schickte es an Hermann Hesse; die Diktion erinnert doch sehr an den Brief in „Schwarze Spiegel": „kalt und süß, [...] ‹zart und schwerfällig›" (207.29 f.). Wichtiger noch aber als der mögliche Bezug zur Hesse-„Verbrüderung" ist an der Brüderstraße, daß dort in Nummer 7 das Elternhaus von Hanne Wolff stand, jener von Arno Schmidt in seiner Jugend platonisch angehimmelten Geliebten, die in seinem Werk als Hanne Wulff bzw. Anne Wolff auftritt. Mit vollem Namen hieß sie Johanna Wolff – nicht umsonst beendet der „Schwarze-Spiegel"-Erzähler seine Brieflektüre mit dem Ratschlag: „fahr nur zu Deiner Johanna!" (207.37) Das Possessivpronomen vor dem Namen deutet dabei ganz korrekt an, daß es überdies noch andere Johannas gab – so heiratete ein anderer Bruder im Geiste Schmidts (und ganz anderen Kalibers als Hesse), nämlich Samuel Christian Pape, nach Schmidts Bericht 1801 „seine Johanna"[6]. Seine Johanna; Deine Johanna – daß ‚meine Johanna' zu ergänzen ist, ist offenbar.

Samuel Christian Pape, jener Pastor und Lyriker, der zu Schmidts obskursten literarischen Ausgrabungen zu zählen ist, verbrachte von 1783 bis 1794 die wichtigsten Jahre seiner Jugend in Visselhövede – nur wenige Kilometer nördlich von Benefeld, wo „Schwarze Spiegel" spielt. Wer einmal den Versuch gemacht hat, Papes Verse zu lesen und zu goutieren, wird sich verwundert gefragt haben, was Schmidt denn daran wohl so sehr geschätzt haben mag. Die Antwort auf eine entsprechende Anfrage von Alfred Andersch versuchte Schmidt in diversen

---

5 Arno Schmidt, „Verbrüderung", in Bargfelder Ausgabe, Bd. I/4 (Zürich: Haffmans 1988), S. 149.

6 Arno Schmidt, „Samuel Christian Pape. Vergessene Dichtung aus Moor und Heide", in Bargfelder Ausgabe, Bd. II/1 (Zürich: Haffmans 1990), S. 175-205, hier S. 199.

Briefen an ihn und an Heißenbüttel: „Ich [...] hänge zumal an dem geographischen Lebensraum Papes.“[7] Und:

> Wieviele ‹Tandemstunden› über leere Heidewege hängen nicht daran; [...] wie oft habe ich nicht – in der herrlichen bösen Zeit vor 49 – besorgt kalkuliert: ob ich noch einmal 10 Postkartenpfennige daran wagen könne, um den nächsten, noch entfernteren, Verwandten Papes zu ermitteln [...] Ganz zu schweigen von so mancher geistigen und persönlichen ‹Verwandtschaft› [...].[8]

Das Faktum der *geistigen* Verwandtschaft Schmidts und Papes scheint so irreal, daß es in der Tat vor allem um die *persönliche* Verwandtschaft gehen muß: eben um jenen geographischen Lebensraum, den die beiden Autoren nicht nur mit einander, sondern auch mit dem Erzähler der „Schwarzen Spiegel“ teilen – jenem Erzähler, der gleichzeitig nächster und entferntester Verwandter Papes zu nennen wäre und ebenfalls „10 Postkartenpfennige“ an etwas ‚wagt‘. Indizien für eine solche persönliche Verbindung Pape-Schmidt finden sich mehr als anderswo in „Schwarze Spiegel“, dem Text, der in vielerlei Hinsicht einen Reflex auf die ambivalente ‚herrliche böse Zeit vor 49‘ darstellt und diese Ambivalenz noch bis hinein in seine zwitterhaften Genremerkmale – utopische stehen neben antiutopischen, idyllische neben antiidyllischen Zügen – trägt. Die Erzählung spielt an einem Ort, von dem es ausdrücklich „gleich weit nach Hamburg, Hanno-

---

7 Arno Schmidt, *Der Briefwechsel mit Alfred Andersch. Mit einigen Briefen von und an Gisela Andersch, Hans Magnus Enzensberger, Helmut Heißenbüttel und Alice Schmidt*, hg. v. Bernd Rauschenbach (Zürich: Haffmans 1985), S. 35 (Brief Nr. 30 v. 25.10.54).

8 Ebd., S. 153 (Brief Nr. 167 v. 30.12.57 / Adressat war Helmut Heißenbüttel).

ver und Bremen" (215.7 f.) ist, was mit Nachdruck zu den Vorteilen des Schauplatzes gezählt wird und damit einer der Vorwände ist, unter denen Schmidt seinen Erzähler hier festhalten kann; in der Fouqué-Biographie merkt Schmidt aber auch zu Papes Jugendwohnsitz Visselhövede eigens an, es handele sich um „einen kleinen Ort der lüneburger Heide, etwa gleichmäßig 70 km von Bremen, Hamburg und Hannover entfernt"[9]. Das „Ostermoor" (210.13 und 257.32) der „Schwarzen Spiegel" wird ebenfalls in *Fouqué* im Zusammenhang mit Papes Jugendjahren erwähnt[10], und die Formulierung „Licht und Pflanzen schlossen den Hainbund" (210.23 f.) erinnert daran, daß Schmidts Pape-Essay ursprünglich „Der Letzte des Hainbundes" hieß, wobei ‚der Letzte' ja auch der Ehrentitel des „Schwarze-Spiegel"-Erzählers sein könnte. „*Des Menschen Leben:* das heißt vierzig Jahre Haken schlagen" (201.8) – und auch diese Erkenntnis taucht (in einer um zehn Jahre optimistischeren Fassung) im Pape-Funkessay wieder auf: „‹Leben›?: das heißt nun einmal, 50 Jahre lang Haken schlagen."[11] Schmidt fühlt sich Pape so verwandt, daß er sich in seine geheimsten Regungen einfühlen zu können glaubt; im *Fouqué* schreibt er über Papes schwärmerisches Wesen: „Stundenlang kann er im Herbst am Waldsaume stehen, in jeder Hand einen jungen Baum, und sich einnebeln lassen"[12]. Es ist kaum glaubhaft, daß Schmidt von Pape wirklich soviel wußte; die persönliche Nähe erlaubt es ihm aber, seine eigenen Empfindungen und die des „Schwarze-Spiegel"-Erzählers der Papeschen Existenz zu unterblenden – schon der Protagonist der

---

[9] Arno Schmidt, *Fouqué und einige seiner Zeitgenossen. Biographischer Versuch*, Bargfelder Ausgabe, Bd. III/1 (Zürich: Haffmans 1993), S. 457.

[10] Vgl. ebd.

[11] Schmidt, „Samuel Christian Pape", a.a.O., S. 199.

[12] Schmidt, *Fouqué und einige seiner Zeitgenossen*, a.a.O., S. 457.

Schmidtschen Erzählung nämlich „stand: in jeder Hand eine rauhe Jungkiefer“ (214.36). Diese Szene spielt dort, wo der letzte Mensch seinen Wohnsitz nehmen will – und ein ganz besonderer Versuch der Wohnsitznahme verbindet Schmidt und Pape außerhalb der „Schwarzen Spiegel“ noch einmal. Nachdem Schmidt im Herbst 1957 zu Forschungszwecken den Pastor von Sankt Jürgen bei Lilienthal aufgesucht und erfahren hatte, daß dessen Küsterwohnung leer stand, bewarb er sich allen Ernstes als Mieter; an Andersch schwärmt er von der sich bietenden Möglichkeit: „eine beneidenswerte Wohnung [...]! Nur Kirche & 2 Häuser (Pfarre & Küsterhaus).“[13] Das liest sich ganz genau so wie eine andere Schmidtsche Beschreibung: „2 Feuerstellen nur sind es; nämlich außer der Kirche noch das Pfarr= und das Küster=Haus.“[14] Hier ist aber nicht das Sankt Jürgen von 1957 gemeint, sondern das Grasberg von 1797, als Samuel Christian Pape dort seine Hauslehrerdienste antrat – und Grasberg liegt nicht einmal zehn Kilometer Luftlinie von Sankt Jürgen entfernt! Es ist offensichtlich, daß Schmidts absurd klingende Sankt Jürgener Wohnungspläne zumindest auch von der Möglichkeit beeinflußt waren, hier das Schicksal Papes auf schon gespenstische Weise nachspielen zu können. Über Papes Grasberger Zeit berichtet Arno Schmidt auch in seinem Text „Die großen Spinnen“ von 1955:

> »Ich wohne 4 Stunden von Bremen, im sogenannten Teufelsmoor« berichtet Samuel Christian Pape, einer der Sänger des »Hainbundes«: »Kirche, Pfarre und Küsterhaus stehen ganz isoliert da, und einsam.« Und

---

[13] Schmidt, *Der Briefwechsel mit Alfred Andersch*, a.a.O., S. 133 (Brief Nr. 149 v. 9.10.57).

[14] Schmidt, „Samuel Christian Pape“, a.a.O., S. 197.

> es folgt die dem Kenner alles enthüllende Entdeckung: »Ich lebe vergnügt, wie ich selten gewesen bin!«[15]

Die alles enthüllende Entdeckung, Einsamkeit werde als Vergnügen empfunden, gilt auch für „Schwarze Spiegel“: „es lebe die Einsamkeit!“ (210.7)

Der ausladendste explizite Hinweis auf Pape in Schmidts Erzählwerk findet sich im *Faun*:

> *Visselhövede umsteigen* (das erste Mal); und ich sah im Gehen zur alten Kirchturmspitze hinüber, wo Samuel Christian Pape (1774-1817), der liebenswürdige Dichter, seine Haidejugend verlebt hatte: auch so ein armer Teufel, der sich zuviel um die Rezensionen seiner Gedichte gegrämt hatte (anstatt sich, in souveräner Wurschtigkeit, wie Walter Scott und Schmidt, um den ganzen Bettel überhaupt nicht zu scheren; grundsätzlich das Zeug nicht zu lesen! –[16]

Der Gram Papes, der nach einem Verriß seiner Gedichte auf weitere Veröffentlichungen verzichtete, ist verbürgt; hingegen klingt Schmidts Selbststilisierung „souveräner Wurschtigkeit“ doch mehr nach einer Wunschprojektion ganz im Sinne des frechen und forciert gesetzesübertreterischen Auftritts seines „Schwarze-Spiegel“-Erzählers: daß Schmidt auf Kritik höchst empfindlich reagierte, ist hinlänglich bekannt, und deswegen beweist der Versuch, an der *Faun*-Stelle sich selbst als Gegenbild zum sensiblen Pape hinzustellen, eher das Gegenteil. Schmidt konnte Pape dessen beleidigtes Verstummen nur zu gut

---

[15] Arno Schmidt, „Die großen Spinnen“, in Bargfelder Ausgabe, Bd. III/3 (Zürich: Haffmans 1995), S. 228-230, hier S. 229. – „Die großen Spinnen“ wurde 1955 geschrieben und erschien erstmals am 16. Juni 1956 in der *Fuldaer Volkszeitung*.

[16] Arno Schmidt, *Aus dem Leben eines Fauns*, in Bargfelder Ausgabe, Bd. I/1, a.a.O., S. 299-390, hier S. 350.

nachfühlen, und nur mit Mühe gelang es ihm, wenigstens als verkrampfte Pose die Contenance zu behalten.

Ein dritter Autor gesellt sich, was die Anfälligkeit gegenüber übelmeinenden Rezensenten angeht, neben Pape und Schmidt: der letzte Mensch der „Schwarzen Spiegel" darf sich nicht nur mit dem „Letzten des Hainbundes" verwandt fühlen, sondern auch mit dem *Letzten der Mohikaner*. In „Die großen Spinnen" hatte Schmidt direkt vor Pape auch James Fenimore Cooper als Beispiel künstlerischer Einsamkeitssehnsucht angeführt, und an anderer Stelle schreibt er später über ihn:

> Nun fehlte Cooper in ganz besonderem Maße die, für einen Künstler segensreichste aller Schicksalsgaben: die Kraft, nie eine Rezension zu lesen [...] – nein, er mußte selbst die kleinste Notiz, die über ihn oder seine Bücher erschien, lesen; ja, schlimmer noch: er mußte reagieren! [...] er ‹ging vor Gericht›; und verblieb dort für den Rest seines Lebens – einmal soll er 52 Prozesse zu gleicher Zeit geführt haben! Er gewann sie alle, und zwar grundsätzlich allein, ohne Anwälte, (die er auch nicht mochte) [...].[17]

Das „auch" im letzten Satz dieses Zitats hat zweierlei Facetten: vordergründig besagt es nur, daß Cooper neben den Juristen eben *auch* die Journalisten nicht mochte; gleichzeitig kann aber kaum darüber hinweggesehen werden, daß ja *auch* Arno Schmidt (und sein Erzähler) die beiden genannten Berufsgruppen so gar nicht ausstehen kann, wie der Beginn unserer Passage aus „Schwarze Spiegel" zeigt. Dies ist nur einer von mehreren möglichen Ansatzpunkten zu jener konstitutionellen Verwandtschaft

[17] Arno Schmidt, „Nachwort zu Coopers »Conanchet«", in Bargfelder Ausgabe, Bd. III/4 (Zürich: Haffmans 1995), S. 130-169, hier S. 148.

des Schmidtschen Erzählers mit Cooper, die in dem hier besonders interessierenden Textausschnitt so benannt wird:

> *Autores fideles und autores bravos* (wie die Spanier bei den Indios unterscheiden): mir fiels ein, als ich den Cooper aus dem Gesäck holte: wir sind beide bravos. (Ähnlich wie beim Schopenhauer und Buddha ohne Übergang aus einem Verbrecher ein Heiliger wird, hat mich das Leben aus einem Pedanten zum Vaganten gemacht; nicht ohne daß sichs manchmal noch wunderlich genug mischt. [...]) (208.12-17)

Hier bricht die latente Spannung zwischen dem peniblen Genauigkeits- und Ordnungskrämer und dem Desperado an die Oberfläche, wobei der Erzähler allerdings nicht ganz von seiner Selbststilisierung lassen kann: es ist ja keineswegs so, daß sich die beiden Seelen seiner Brust nur „manchmal" wunderlich mischen, sondern gerade diese Ambivalenz charakterisiert den Erzähler durchgängig. Insofern ist es auch nicht frei von Wunschdenken, wenn der Erzähler sich einfach den „*autores bravos*" zurechnen möchte. Es ist offenbar, daß der Erzähler die rabiate Seite seines Wesens über Gebühr herausstreichen und die pedantische Seite lieber verleugnen möchte – und dies zeigt sich auch an dem ins Zynische gezogenen Wunsch: „*Ein Beamter* hätte überleben müssen; so Einer, der den Notizzettel durchstreicht, ehe er ihn zerreißt und wegwirft: ach, ihr Lumpen!" (208.36 f.) Hier wird die pedantische Seite der eigenen Natur zwar wiederum abgerufen, jedoch nun aus der eigenen Person ausgelagert und einem imaginären Gegenüber, einem komplementären Negativtypus aufgeladen.

Scheinbar das genaue Gegenbild dieses Beamtentyps wird am Ende desselben Absatzes beschworen: „Einmal neigte ich den Kopf, das Haupt, vor August Stramm: dem großen Dichter! (Auch Albert Ehrenstein, sagt was Ihr wollt!)“ (209.3-5) Diese Hommage an die beiden Expressionisten scheint an dieser Stelle nicht durch den Textablauf veranlaßt – es sei denn, man nähme zumal August Stramm, jenen urgewaltigen Dichter, den Paul Raabe mit einer etwas unglücklichen Vokabel als „Naturereignis“[18] des Frühexpressionismus bezeichnet hat, als vagantenhaftes Gegenbild zum Beamtentypus. Tatsächlich ist jedoch das genaue Gegenteil der Fall: der schroffe Dichter Stramm war im bürgerlichen Leben Beamter, und zwar ein so fleißiger, korrekter und ehrgeiziger, daß er eine glänzende Karriere machte. Am Ende seines kurzen Lebens bekleidete er einen hohen Posten ausgerechnet im Reichspostministerium, und so läßt sich das „*Ein Beamter* hätte überleben müssen“ dann gar als ein ganz konkreter Wunsch Arno Schmidts lesen: der Beamte Stramm, der 1915 im Inferno des Ersten Weltkriegs fiel, hätte diesen Krieg unbedingt überlebt haben müssen!

„Einmal neigte ich den Kopf, das Haupt, vor August Stramm“ – diese Geste erinnert noch einmal an die beiden bereits zitierten Grüße: „und grüßte mit Haupt und Hand den Kollegen Schattenreisenden“ (207.36 f.) und „Ich salutierte den beinernen Poeten mit der Flasche“ (219.2 f.). Es wird hier also ein Kollegen-Verhältnis aufgebaut, das neben August Stramm den Erzähler der „Schwarzen

---

[18] Paul Raabe, „Zur Ausgabe“, in August Stramm, *Alles ist Gedicht. Briefe Gedichte Bilder Dokumente*, hg. v. Jeremy Adler (Zürich: Arche 1990), S. 7 f., hier S. 7. – Unglücklich ist die Vokabel, mit der Raabe die in der Tat bestehende Eigenständigkeit Stramms im Kontext der gleichzeitig schreibenden Kollegen bezeichnen will, weil sie fälschlicherweise eine konvulsivisch hinklotzende Arbeitsweise Stramms suggerieren könnte. Tatsächlich schrieb Stramm seine Texte in mühseliger und hochbewußter Detailarbeit.

Spiegel", den Autor Arno Schmidt und auch die jugendliche Vergangenheit dieses Autors umfaßt. Im weiteren Sinne eingeschlossen sind explizit Albert Ehrenstein und implizit natürlich auch Stramms Nachfahr Otto Nebel, der in der Post wohl als Stellvertreter seines Erblassers, des Postbeamten Stramm, aufzufassen ist. Auf diese Weise rekurriert der Text auf die literarischen Vorlieben Arno Schmidts – und gleichzeitig immer auch auf Details aus Schmidts Biographie und Lebensumständen: zu der Zeit, als Arno Schmidt in Benefeld lebte, hieß der dortige Posthalter mit Familiennamen Nebel[19]! Von solchen biographisch-ephemeren Details, die dem normalsterblichen Leser natürlich fast zwangsläufig verborgen bleiben (die allerdings für das Textverständnis ja auch keineswegs unverzichtbar sind), ist die Erzählung „Schwarze Spiegel" geradezu übersät, wie sich gerade an den en passant gegebenen Personennamen ablesen läßt – so gleich zu Anfang, als der Erzähler in ein Haus eindringt, um sich eine Unterkunft zu verschaffen: „*Ich* nahm die Brechstange hinten heraus, und die Pistole: ‹SUHM› stand an der Tür, und daneben eine Toto-Reklame" (202.14 f.). Der Herr mit der Totoannahmestelle, der in der Uferstraße wohnte, hieß zwar real nicht Suhm, aber doch immerhin Sahm.[20] Der Witz der ganzen Angelegenheit aber liegt in der Hauptprofession dieses Benefelder Bürgers: wie aus den Akten des Schmidtschen Mietsachenprozesses hervorgeht, war der besagte Sahm zu Schmidts Zeiten Beamter bei der Benefelder Gemeindeverwaltung – und er war dort ausgerechnet für das Wohnungswesen zuständig.[21]

---

[19] Mitteilung von Anne Maria Hunold, Bomlitz, der dafür herzlich gedankt sei.

[20] Diese Information verdanke ich ebenfalls Frau Hunold.

[21] Vgl. *In Sachen Arno Schmidt ./. Prozesse 1 & 2*, hg. v. Jan Philipp Reemtsma u. Georg Eyring (Zürich: Haffmans 1988), S. 22: „so dass wir schon damals den Gemeindebeamten für das Wohnungs-

Der Erzähler in Schmidts Text „Schwarze Spiegel" handelt also ebenso folgerichtig wie korrekt: er besorgt sich eine erste Unterkunft in seinem neuen Lebensraum gerade beim Wohnungsdezernenten der Gemeinde!

Doch kehren wir zurück zu der Passage, um die es hier vornehmlich gehen soll. Zwischen dem Wunsch *„Ein Beamter* hätte überleben müssen" und der Reverenz vor Stramm und Ehrenstein wird der Erzähler wiederum rabiat: „Ich warf gleich einen verdorrten Blumentopf durch die Fensterscheiben des Amtsgerichts" (208.37-39). Schmidt hatte, wie man weiß, einen konkreten und sehr triftigen Anlaß, seinen Erzähler gegen dieses Amtsgericht wüten zu lassen – und dieser Anlaß färbt auch schon zuvor die Beschreibung jenes Ortes, in dem der Vandalismus stattfindet: *„Ein Nest:* Walsrode (Zwei Straßen, Schilder, alberne Rechtsanwälte, albernere Richter, bloß gut, daß Alles ein Ende hat!)" (208.34 f.) Zu Ende ist, als Schmidt dies im Mai 1951 schreibt, der Rechtsstreit um die vom Ehepaar Schmidt mitgemieteten Möbel im Mühlenhof Cordingen, und dieser Rechtsstreit ist für Schmidt höchst unrühmlich zu Ende gegangen. Wenn man dies nicht wüßte, könnte man es, die Vertrautheit mit Schmidtschen Persönlichkeitsmerkmalen und ‚Erledigungsweisen' vorausgesetzt, fast schon aus der Textstelle ableiten: dem Haß auf das Amtsgericht, in dessen Fenster der Blumentopf fliegt, ist unmittelbar ablesbar, daß Schmidt eben vom Amtsgericht Walsrode „Im Namen des Rechts" schuldig gesprochen wurde[22]; ebenso findet der Haß auf die Rechtsanwälte seine besondere Ursache darin, daß die Gegenpartei in jenem Rechtsstreit sich einen

---

wesen, Herrn Sahm, rufen, und mit seiner Autorität unser Untermieterverhältnis beenden, und Vollmieter werden konnten." (Schreiben Arno Schmidts v. 18.7.50.)

[22] Vgl. die Urteilsschrift v. 28.9.50 ebd., S. 57.

Anwalt nahm, der sich vor allem durch einen wenig zimperlichen Umgang mit Schmidt auszeichnete, seine Schriftstellerei als Spinnerei abtat und Schmidt empfahl, er solle statt dessen doch lieber einige Stunden Holz hacken, um seine Schuld zu begleichen. Schmidt seinerseits gab mit gleicher Münze heraus: Anwalt v. Nottbeck

> empfiehlt mir richtige Beschäftigung, z.B. Holzhacken – was aus dem Munde eines so nützlichen Mitglieds der menschlichen Gesellschaft, wie der Herr Rechtsanwalt sich in liebenswürdiger Naivität zu halten scheint, besonders pikant wirkt. Ich zweifle [...] zwar keinen Augenblick daran, dass das Schicksal ihn zum Holzhacker bestimmt hatte, muss aber, so sehr auch solch ein von der Natur vernachlässigter Unglücklicher das allgemeine Mitleid für sich in Anspruch nehmen darf und soll, ihn in die Schranken seines, freilich wohl wenig beneidenswerten Berufs, zurückweisen![23]

Diese Passage ist in Schmidts Brief ab „Ich zweifle" pro forma wieder gestrichen (allerdings nicht unlesbar gemacht) worden; dennoch zeigt sie, wie eifrig und furios Schmidt jene extreme Feigheit im persönlichen Face-to-Face-Umgang, die aus vielerlei Quellen bekannt ist, nicht nur in fiktionalen Textsorten überspielen konnte, sondern auch in Gebrauchstexten. Sobald Schmidt am Schreibtisch saß, holte er zwanghaft all das nach, was er woanders augenscheinlich nicht konnte.

Auch an anderer Stelle der „Schwarzen Spiegel" – nämlich im Zuge der Besorgungsfahrt nach Hamburg, deren Ertrag vor allem aus Cooper-Bänden besteht – wird die Juristenschelte wieder aufgenommen: „auch Mörder, Ilse Koch, Generale, Diebe, geizige alte Weiber, finden ja stets noch ihre ‹Rechts›anwälte!" (224.30-32) Dieser

---

[23] Ebd., S. 78 (Schreiben Schmidts v. 22.11.50).

Anwurf richtet sich nicht mehr nur gegen den gegnerischen Anwalt, sondern auch gegen dessen Mandantin: in der Formulierung „geizige alte Weiber“ ist unschwer jene betagte Witwe Felsch auszumachen, von der Schmidt verklagt worden war.

Doch nicht nur Arno Schmidt mußte sich mit einem Prozeß herumschlagen; gleich deren Dutzende führte, wie dem Zitat aus Schmidts *Conanchet*-Nachwort zu entnehmen war, der Kollege James Fenimore Cooper: „*Autores fideles und autores bravos* [...] mir fiels ein, als ich den Cooper aus dem Gesäck holte: wir sind beide bravos“ (208.12-14) – Schmidt hatte allen Grund, sich mit Cooper zu verbrüdern, der angeblich alle seine Prozesse gewann, während Schmidt in seinem (bis zu diesem Zeitpunkt) einzigen Prozeß kläglich scheiterte. Ob Schmidt auch deswegen die menschenleere Wälderwildnis Coopers ins Schwarze spiegeln mußte? Immerhin hatte Schmidt doch jedenfalls gute Ursache, sich zumindest in der Wunschprojektion der „Schwarzen Spiegel“ eine Scheibe von den Prozeßkünsten Coopers abzuschneiden: er konnte zwar spielend schneidiger tun als der arme Pape, der sich von einer einzigen mißgünstigen Rezension zu Fall bringen ließ, aber doch nur mit Mühe so schneidig wie Cooper.

Gerade Pape und Cooper, deren ästhetische Leistungen sich mit denen Schmidts kaum vergleichen lassen, belegen die immense Rolle, die die persönliche Verwandtschaft für Schmidts literarische Aneignungsverfahren spielte. Leseerfahrungen wie die an diese beiden Autoren geknüpften haben prinzipiell den gleichen Rang für Schmidts Texte wie seine privaten Lebenserfahrungen. Daß sich aber auch solche Leseerfahrungen, die primär ästhetisch-künstlerischen Rang besitzen und sich nicht auf persönliche Nähe zurückführen lassen, in Schmidts Texten mit Privatem vermengen, signalisieren die beiden in „Schwarze Spiegel“ gegebenen Daten für die Beziehung zu Lisa. Das Zusammentreffen des Erzählers mit Lisa findet statt am „*24. 6.*“ (238.34), und zwar des Jahres 1962; der 24. Juni 1916 aber ist der Geburtstag Alice Schmidts. Lisas Geburtstag wiederum ist „am 22. 8.“ (252.28), und das heißt: einen Tag nach dem Hochzeitstag Arno und Alice Schmidts, die am 21.8.1937 die Ehe eingingen. Warum aber hier der eine Tag Differenz? Eine Erklärung ist, daß das Liebesverhältnis des Erzählers mit Lisa auch erst am 25. Juni beginnt, einen Tag nach der Begegnung: es ergibt sich eine verschobene Überkreuzstellung, nach der der Bund zwischen Lisa und dem Erzähler am Tag nach Alices Geburtstag, der Bund zwischen Arno und Alice aber am Tag vor Lisas Geburtstag geschlossen wird. Die eintägige Verschiebung könnte aber auch auf eine Datumsreihung hinarbeiten: über den 21. und den 22. August kommen wir auf den 23. August. Genau dies war – und zwar im Jahre 1889 – der Geburtstag Alfred Lichtensteins, also eines weiteren Expressionisten, der, wie Stramm, als Soldat im Ersten Weltkrieg fiel – und der schon im Namen das Zeichen für die beobachtete Licht-/Schatten-Metaphorik setzt. Von Lichtenstein stammt das Gedicht „Capriccio“ aus dem Jahre 1911, und darin finden sich diese Verse:

> Alle Straßen fließen, schwarze Spiegel,
> An den Häuserhaufen, wo Laternen,
> Perlenschnüre, leuchtend hängen.[24]

---

[24] Alfred Lichtenstein, „Capriccio“, in *Dichtungen*, hg. v. Klaus Kanzog u. Hartmut Vollmer (Zürich: Arche 1989), S. 19.

Zur Relevanz von Grillparzer, Stettinius und vor allem Thorne Smith für *Brand's Haide* und „Schwarze Spiegel"

Thorne Smith (zu deutsch: der Dornen-Schmidt) ist praktisch im gesamten Nachkriegswerk Arno Schmidts präsent – bis hin zur Fragment gebliebenen *Julia*, deren Titelfigur unsichtbar werden kann wie Smiths Heldin Marion Kerby, so daß höchst einleuchtend ist, warum die beiden Smith-Romane *Topper* und *Topper Takes a Trip*, in denen Marion Kerby herumgeistert, bei Schmidts Tod in Greifweite seines Schreibplatzes standen[1]. Vorgestellt wird Smiths Werk von Schmidt erstmals in *Brand's Haide*:

> *Drei* Buchruinen holte ich aus dem Mantel: Stettinius, Lend-lease; Smith: Topper und den armen Spielmann (der hatte in Luthe in einem Zelt gelegen, Morgensonne drum herum, ich stak im Uniformfutteral und bläkte die Augen: eingesteckt hab ichs. Und würds sofort nochmal tun; da sieht man, was Grillparzer konnte, dämonisch! [...]) [...] – Wie die in »Lend-lease« die Russen verhimmeln : in zwei Jahren werden sie anders reden! (Aber wir sind

---

1 Vgl. Dieter Gätjens, *Die Bibliothek Arno Schmidts. Ein kommentiertes Verzeichnis seiner Bücher* (Zürich: Haffmans 1991), neue Ausgabe, durchgesehen und erweitert von Günter Jürgensmeier (Bargfeld: Arno Schmidt Stiftung 2003; im Internet: www.arno-schmidt-stiftung.de/Archiv/Bibliotheksverzeichnis.html), Nr. 587.5/7; nur die beiden *Topper*-Bände stehen im Regal rechts am Schreibtisch, während sich fünf weitere Smith-Ausgaben anderswo in Schmidts Bibliothek befinden.

> politisch unreif, gelt?! – Amerikaner wissen nichts!)[2]

Wie man sieht, differenziert Schmidts Held einschätzungsmäßig durchaus zwischen den drei „Buchruinen"; als Amerikaner mag zwar auch Thorne Smith ‚nichts wissen', aber er ‚kann' durchaus was, wobei einmal dahingestellt sei, ob er deswegen schon auf Grillparzers Niveau steht. Wenn Schmidt drei Buchtitel so prononciert nennt wie die drei hier, dann hat das etwas zu bedeuten, und der Leser ist aufgerufen, dieser Bedeutung schnitzelsuchend nachzuforschen.

Am ehesten fündig dürfte er bei Grillparzer werden. *Der arme Spielmann* ist (wie in gewissem Sinne auch *Brand's Haide*) eine Erzählung um den „Konflikt von Leben und Kunst"[3], und wie bei Schmidt geht bei Grillparzer über den idealistischen Lobpreis der Kunst die Liebe an die Realität verloren. Darüber hinaus gibt es einige punktuelle Parallelen. „Lore kriegte wieder einen festen gelben Eingeschriebenen"[4] – so wie bei Schmidt spielt auch bei Grillparzer der Brief eines Nebenbuhlers eine fatale Rolle und bringt die Geliebte auf Distanz zum armen Helden: „‚Man hat mir zwar einen andern Antrag gemacht', fuhr sie fort, indem sie einen Brief aus ihrer Schürze zog und halb widerwillig auf den Ladentisch warf; ‚aber da müßte ich fort von hier.'"[5] So, wie sich Lore über die schmutzige Wäsche von Schmidts Erzähler entsetzt („bloß gut, daß es

---

2 Arno Schmidt, *Brand's Haide*, in Bargfelder Ausgabe, Bd. I/1 (Zürich: Haffmans 1987), S. 115-198, hier S. 128.

3 Heinrich Schwier, *Lore, Grete & Schmidt. Ein kommentierendes Handbuch zu Arno Schmidts Roman „Brand's Haide"* (München: edition text + kritik 2000, S. 69.

4 Schmidt, *Brand's Haide*, a.a.O., S. 186.

5 Franz Grillparzer, *Der arme Spielmann*, in Hugo v. Hofmannsthal (Hg.); *Deutsche Erzähler*, Bd. 1 (Frankfurt a.M.: Insel 1980), S. 762-802, hier S. 793.

nur fünf Stücke waren“[6]), macht auch Grillparzers Heldin ein böse Entdeckung, als sie sich um männliche Wäsche kümmert: „Dann ging sie an den Schrank [...], wickelte ihr Paket auseinander, das einige Hemden und Tücher enthielt – sie hatte in der letzten Zeit meine Wäsche besorgt –, zog die Schublade heraus, schlug die Hände zusammen, als sie den spärlichen Inhalt sah [...] ‚Fünf Hemden und drei Tücher. So viel habe ich gehabt, so viel bringe ich zurück.‘“[7] Und so, wie *Brand's Haide* mit Tränen endet („Weine nicht, Liu!“[8]), tut dies auch schon *Der arme Spielmann*: „Sie hatte sich umgewendet, und die Tränen liefen ihr stromweise über die Backen.“[9]

Wenn die Bedeutung des Smithschen *Topper* für *Brand's Haide* zumindest dem zeitgenössischen Leser weniger klar war, so lag das vor allem daran, daß Schmidt hier einen weithin unbekannten Namen in den Text warf. Erst durch einige spätere Erwähnungen und durch die Recherchen der gelehrigsten Fans[10] wurde ein wenig Licht in das Dunkel um jenen mysteriösen Herrn Smith gebracht. So dürften auch erst nachgeborene Leser in der Lage gewesen sein, wissend zu nicken bei jener Stelle in „Schwarze Spiegel“, wo Schmidt ohne weitere Identifizierung den Namen der weiblichen Hauptfigur von *Topper* in den Ring wirft: „da drüben planscht es und pfeift dazu wilde Potpourris, Marion Kerby konnte es

---

[6] Schmidt, *Brand's Haide*, a.a.O., S. 143.

[7] Grillparzer, *Der arme Spielmann*, a.a.O., S. 796.

[8] Schmidt, *Brand's Haide*, a.a.O., S. 196.

[9] Grillparzer, *Der arme Spielmann*, a.a.O., S. 196.

[10] Der informativste Abriß über Leben und Schaffen von Thorne Smith innerhalb der Schmidt-Sekundärliteratur ist Peter Ahrendt, „‚Ach, ich hör auf: Sie *kennen* das Alles nicht‘. Einige Anmerkungen zu Thorne Smith“, in *Schauerfeld*, 8. Jahrgang 1995, 2. Heft, S. 5-12.

nicht besser.“[11] Neben den beiden offenen (wenn auch den Erstlesern vermutlich mysteriösen) Namensnennungen gibt es sowohl in *Brand's Haide* als auch in „Schwarze Spiegel“ noch eine Reihe von Stellen, die mit dem *Topper*-Roman in Beziehung gesetzt werden können. Das geht los bei eindeutigen Zitaten wie der hübschen Aufforderung zum Verschwinden „Vamoose plenti pronto“[12] und endet naturgemäß bei vagen Anklängen: Marion Kerby etwa sagt zum Titelhelden Cosmo Topper, er sei „my first and only child“[13]; Lore stöhnt ihrem aufgegebenen Geliebten entgegen: „Du!! – – Erster und Letzter!“[14] Die meisten solcher Anklänge finden sich nicht in *Brand's Haide*, sondern danach in „Schwarze Spiegel“. Des letzten Menschen Stoßseufzer „they asked for it, and they got it“[15] verschärft eine Beobachtung aus *Topper*: „They liked it that way and they got what they wanted“[16]; die Aufforderung „Lassen Sie uns Waffenstillstand schließen“[17] repliziert ein entsprechendes Angebot aus *Topper*: „What do you say to a truce?“[18] Man muß natürlich nicht unbedingt der Auffassung sein, die Lanzenzielübungen des „Schwarze-Spiegel“-Erzählers auf eine Sperrholzscheibe[19] seien notwendig angeregt durch die Scheibenzielübungen für ein Wurfduell mit Venusmuscheln in

---

11 Arno Schmidt: „Schwarze Spiegel“, in Bargfelder Ausgabe, Bd. I/1, a.a.O., S. 199-260, hier S. 241.

12 Schmidt, *Brand's Haide*, a.a.O., S. 119; ebenso bei Thorne Smith, *Topper. A Ribald Adventure* (New York: Pocket Books 1939), S. 206 (die 29. Auflage dieser Ausgabe, gedruckt im Dezember 1945, besaß Schmidt).

13 Smith, *Topper*, a.a.O., S. 161.

14 Schmidt, *Brand's Haide*, a.a.O., S. 190.

15 Schmidt, „Schwarze Spiegel“, a.a.O., S. 213.

16 Smith, *Topper*, a.a.O., S. 12.

17 Schmidt, „Schwarze Spiegel“, a.a.O., S. 241.

18 Smith, *Topper*, S. 142.

19 Vgl. Schmidt, „Schwarze Spiegel“, a.a.O., S. 228.

Topper[20], der im Cordinger Übergangsheim herumstrolchende Fuchs habe etwas mit einer Raststätte namens „The Sleeping Fox“ im Roman von Smith zu tun[21] oder die Schmidts Text beschließende und das Verschwinden Lisas versinnbildlichende Brise („Auch Wind kam auf. Wind.“[22]) sei verursacht durch die Tatsache, daß der einzige erwähnte Wind in *Topper* sechs Zeilen vor Schluß auftaucht: „somewhere out there between the wind and stars, Marion Kerby was drifting, drifting farther and farther away.“[23] Erstaunlich ist aber schon, daß eine Vermutung angesichts der Altersfrage von Lisa („also würde sie 35 eingestehen“[24]) genauestens zusammenpaßt mit der Altersschätzung einer Nebenfigur durch den gutmütigen Topper: „He placed her age as a good-humored thirty-five.“[25]

Das – freilich wenig originelle – Grundgerüst der *Topper*-Handlung stimmt mit dem beider Schmidtscher Texte überein: der einzelgängerische Titelheld verliebt sich in ein feuriges Mädchen, das er am Ende wieder verliert. Allerdings ist Cosmo Topper im Unterschied zu den beiden Junggesellen Schmidts verheiratet, und zwar auf jene unglückliche Weise, die Schmidt später im *Faun* seinem Heinrich Düring widerfahren läßt: Mrs. Topper hat wenig Interesse, ihren biederen Gatten von seiner Existenz als pedantischer höherer Angestellter der schmalspurigsten Sorte und von seiner einzigen Passion, der Fürsorge für seine Katze Scollops, abzubringen; sie selbst verbringt ihre Tage vornehmlich mit der Pflege ihrer hypochondrischen Verdauungsstörungen (die den

---

20 Vgl. Smith, *Topper*, a.a.O., S. 215.

21 Vgl. ebd., S. 178, 186.

22 Schmidt, „Schwarze Spiegel“, a.a.O., S. 260.

23 Smith, *Topper*, a.a.O., S. 238.

24 Schmidt, „Schwarze Spiegel“, a.a.O., S. 252.

25 Smith, *Topper*, a.a.O., S. 171.

geschulten Leser an die häufigen Durchfallerscheinungen vieler Schmidtscher Erzähler erinnern mögen). Eines Tages aber verläßt Topper die eingefahrenen Gleise seines Lebens und ersteht aus einer Laune heraus jenes flotte Automobil, mit dem George und Marion Kerby an einen Baum und in den Tod fuhren. Topper hat Marion bei der Einweihung eines Feuerwehrhauses flüchtig kennengelernt und dann (Schmidts „Faun" läßt grüßen) als Pendler im morgendlichen Zug wiedergetroffen – und jetzt, als Nachbesitzer des Kerbyschen Wagens, begegnet er ihr unvermutet erneut, und ihrem Mann dazu. Als Geister aus der vierten Dimension (an Schmidts Erläuterungen zum Problem mehrdimensionaler Räume im „Leviathan" und dem *Faun* gemahnend) begleiten sie Topper bei seinen Autoausflügen, und zwar zeitweise materialisiert, zeitweise (und sehr zur Verstörung verschiedener Zeugen) auch als unritterliche Helden von unsichtbarer Gestalt. Gegen seinen anfänglichen Widerstand verleiten sie Topper zu turbulenten Exzessen der feuchtfröhlichen Art; rasante Autofahrten und ungehemmte Trinkgelage verbinden sich zu jenem „Rabelaisian potpourri", von dem leicht übertreibend der Klappentext schreibt, und zum Finale gehört folgerichtig eine über Gebühr alkoholisierte Raserei über die – und schließlich von der – Straße, wie ja auch der Erzähler von *Brand's Haide* die Erfahrung einer Landstraßenjagd unter Schnapseinfluß (allerdings mit dem Fahrrad) machen darf[26]. Smiths Buch ist zuvorderst

---

[26] Vgl. Schmidt, *Brand's Haide*, a.a.O., S. 176. – In der Fortsetzung seines Erfolgsromans schildert Smith übrigens eine wilde, willenlose Flucht, die ebenfalls mit einer Fahrradfahrt assoziiert wird. Vgl. Thorne Smith, *Topper Takes a Trip* (London: Arthur Barker Ltd. 1936), S. 89: „But he never succeeded in catching up with himself. The impression he gave was that of a racing bicycle rider, an impassioned bicycle rider, yet one who was deriving scant pleasure from his violent exertion."

auf seine komischen Effekte hin komponiert, und es fällt nicht schwer, sich den Erfolg der Verfilmung vorzustellen, bei der Roland Young in der Titel- sowie Cary Grant und Constance Bennett in den anderen Hauptrollen glänzten[27].

Topper vereint auf verblüffend stimmige Weise einen schnoddrigen und respektlosen Tonfall voller Jargonelemente mit Ausflügen aus der ätherischen Geister- in die profane Menschenwelt, und Rudi Schweikert geht gewiß nicht fehl, wenn er in dem Gelingen dieser Verbindung einen Kunstgriff mit Beispiel- und Vorbildcharakter für Arno Schmidt sieht.[28] Schmidt, dessen juvenile Phase im Kontext literarisch-romantischer Geisterwelten ja noch keinerlei verbale Ruppigkeiten zugelassen hat, versucht eine solche Verbindung zwischen quasi märchenhaften und prononciert alltagsweltlich-realistischen Handlungselementen erstmals in *Brand's Haide*, und wie sehr dieser Versuch gelingt, zeigt sich daran, daß eben jene organisch eingearbeitete Ebene des Übersinnlichen von vielen Lesern lange Zeit gar nicht bemerkt wurde. Peter Piontek hat in seinem Beitrag „Zum Wald-Stück ‚Brand's Haide'" detailliert darauf hingewiesen, welche irrealen Elemente sich hinter der vordergründig stimmigen Flüchtlingsgeschichte aus dem Nachkriegsalltag verbergen, und als markantestes Verbindungsglied zur Anderwelt der Elfenzauberei stellt er die Figur des ‚Alten' vor, der über das titelgebende Waldstück wacht

---

27 Nach Auskunft von Rudi Schweikert, dem für vielfältige Informationen in Sachen Thorne Smith gedankt sei, sind die *Topper*-Verfilmungen dennoch für den begeisterten Leser der Bücher eher enttäuschend.

28 Dies ist eine der Thesen aus einem (hoffentlich immer noch) geplanten Aufsatz Schweikerts zu Schmidt und Smith. – Ein erster Hinweis Schweikerts auf den Konnex Smith / Schmidt findet sich in *Der Rabe*, Nummer 16 (Zürich: Haffmans 1987), S. 200.

und sich mit so sonderbaren Dingen befaßt wie dem Anbringen frischen Herbstlaubes im Forst während des Frühlings.[29] Eine seiner auffälligsten übersinnlichen Eigenschaften ist die Macht, erscheinen und verschwinden zu können: „Er strich sich mit der Hand übers Gesicht und war weg“[30]; „In solcher Stimmung drehte ich wieder um: da stand der Bube unten am Eingang!“[31]; „Wieder den Kopf rum: – weg war es! Da kann man fertig sein.“[32] Diese Fähigkeiten des Alten gleichen prinzipiell denen der Kerbys und ihrer Geisterkollegen aus der vierten Dimension.

Etwas anders zu beurteilen als dieser recht augenfällige Zusammenhang von Smiths *Topper* mit *Brand's Haide* ist der mit „Schwarze Spiegel“. Dieser Text ist frei von übersinnlichen Phänomenen, und die Ähnlichkeiten von Figureneigenschaften sind etwas handfesterer Art – sie betreffen vornehmlich die Frauengestalten Marion Kerby und Lisa Weber, die ja in der bereits zitierten Badewannenszene auch von Schmidt offen identifiziert werden. Lisa ist ein „Teufel“[33], „ne richtige Zigeunersche“[34] und eine „Wildkatze“[35]; ebenso stellt sich Marion in Aussehen und Benehmen jenseits aller Konventionen, und für den Tankstellenbesitzer, der ihren Wagen repariert hat, sind beide Kerbys „like a pair of wildcats“ und zugleich „like two tramps“[36].

---

[29] Vgl. Peter Piontek, „Zum Wald-Stück ‚Brand's Haide'“, in *Bargfelder Bote* Lfg. 71-72 (Juni 1983), S. 3-19, hier S. 5-8.

[30] Schmidt, *Brand's Haide*, a.a.O., S. 118.

[31] Ebd., S. 122.

[32] Ebd., S. 123.

[33] Schmidt, „Schwarze Spiegel“, a.a.O., S. 252.

[34] Ebd., S. 250.

[35] Ebd., S. 241.

[36] Smith, *Topper*, a.a.O., S. 11.

Ein Tramp scheint im Schmidtschen Text mit demselben Recht der Erzähler zu sein, und dies ganz im Gegensatz zum Titelhelden der *Topper*-Abenteuer; bei genauerem Hinsehen entpuppt sich diese Differenz aber als eine rein oberflächliche. Schmidts Erzähler ist in seinem Habitus keineswegs der verwegene Outlaw-Typ, zu dem er sich zu stilisieren sucht; er bricht zwar mit verkniffener Leidenschaft jene Verhaltensregeln, die nicht mehr bestehen, geht aber damit auch nicht das geringste Risiko mehr ein. Im gleichen Atemzug, in dem er aus ausdrücklicher Gesetzesverachtung eine Postkarte entwendet, kommt ihm die Idee, sie zu beschriften, *weil* sie bereits frankiert ist, und er setzt an die Stelle der unbekannten Postleitzahl sorgsam ein Fragezeichen: „Ordnung muß sein."[37] Diese durchgängig zu beobachtende Mischung aus krämerischer Engstirnigkeit und grimmiger Ruchlosigkeit in der Figur des Erzählers[38] wird an einer Stelle sogar direkt namhaft gemacht: „Ähnlich wie beim Schopenhauer und Buddha ohne Übergang aus einem Verbrecher ein Heiliger wird, hat mich das Leben aus einem Pedanten zum Vaganten gemacht; nicht ohne daß sichs manchmal noch wunderlich genug mischte."[39] Dieses wunderliche Mischungsverhältnis ist es, das den Schmidtschen Erzähler definiert – und es ist ein Mischungsverhältnis, das er prinzipiell mit Cosmo Topper teilt.

Topper nämlich bleibt im Verlauf seiner Abenteuer mit Marion Kerby auch nicht bei seinen biedermännischen Attitüden, sondern findet Gefallen am Leben abseits jener

---

37 Schmidt, „Schwarze Spiegel", a.a.O., S. 207.

38 Vgl. dazu auch Friedhelm Rathjen, „Utys in der Post. Arno Schmidts Lebens- und Lesetext in einer Passage von ‚Schwarze Spiegel'", in *Bargfelder Bote* Lfg. 170-171 (Oktober 1992), S. 3-16; wieder im vorliegenden Band, S. 69-94.

39 Schmidt, „Schwarze Spiegel", a.a.O., S. 208.

festgefügten Ordnungen, die ihm vordem alles bedeuteten – wobei auch er aber nie vor Skrupeln und Rückfälligkeit sicher sein kann. Die Spannungen, die bei der Vereinigung eigentlich unvereinbar scheinender Lebenshaltungen auftreten, sind der Kern des Smithschen Witzes gerade in *Topper*, und zwar auf eine noch weit augenfälligere Weise als bei Schmidt. Was schon von Topper Besitz ergreift, als er das Kerbysche Automobil kauft und zu fahren lernt, nennt er zunächst sein geheimes Leben: „For the first time Topper's established routine of living gave place to a disorderly desire to live.“[40] Mit Hilfe der Kerbys setzt sich dieses zweite Leben aber schon bald an die erste Stelle und ist nun auch keineswegs mehr ein geheimes: „It was as if he had withdrawn from the old life and was digging his toes in new and magic soil. How unreal and far away Mrs. Topper seemed. How delightfully remote from him was everyone he knew.“[41] Das Vagantenleben tritt also nicht nur in den Vordergrund, sondern verdrängt das Pedantenleben ein Stück weit aus der Lebenswirklichkeit; zudem wird dieses Pedantendasein als ein falsches erkannt: „His whole past life had been modulated on false standards which would have to be adjusted at once.“[42] Diese Erkenntnis bedeutet Freiheit: „a spirit of freedom and buoyancy that had never come to him during his more orderly regime.“[43] So, wie Schmidts Erzähler sich zu der befriedigenden Erkenntnis durchringt, es sei „doch gut,

---

[40] Smith, *Topper*, a.a.O., S. 40.

[41] Ebd., S. 60.

[42] Ebd., S. 103. – Aufschlußreich ist die Parallelität dieser Formulierung zu einem Satz aus einer späteren Erzählung Schmidts. Vgl. Arno Schmidt, „Trommler beim Zaren“, in Bargfelder Ausgabe, Bd. I/4 (Zürich: Haffmans 1988), S. 129-134, hier S. 129: „den Meisten=von=Uns vergeht das Leben damit, die in der Jugend verkehrt eingestellten Maßstäbe mühsam wieder zu adjustieren.“

[43] Smith, *Topper*, a.a.O., S. 162.

daß Alle weg waren“[44], und in seinen einsamen Meditationen den Solipsismus als großzügigste Denk- und Lebenshaltung rechtfertigt, empfindet auch Topper in den glücklichsten Momenten seines Vagantendaseins, daß die Loslösung aus den alten Zusammenhängen und das Leben in den Tag hinein seiner gedanklichen Entfaltung gut bekommt: „For the first time in his life Topper came to realize that loose living and large thinking could get along quite comfortably together, that they were in fact boon companions.“[45]

Freilich findet Topper zu seiner neuen und höchst befriedigenden Lebenshaltung erst durch den Umgang mit Marion Kerby, während die Selbstzufriedenheit des Schmidtschen Erzählers durch das Auftauchen Lisas im Effekt eher gefährdet wird, da sie eben einseitig auf der Verklärung eines selbstzufriedenen Solipsismus äußerster Konsequenz beruhte. Solipsistische Tendenzen sind allerdings auch bei Cosmo Topper vorhanden, und vielleicht ist die Verwandtschaft, die sich daraus ergibt, sogar noch kardinaler als die der widersprüchlichen Synthese aus Pedanten- und Vagantentum. *Topper* vereint nämlich nicht nur einfach spritzige Dialoge mit überschäumender Situationskomik, und auch die denn doch etwas arg übertriebene Bezeichnung des Autors als „TWENTIETH CENTURY RABELAIS“ auf dem Buchdeckel will möglicherweise nicht nur auf die Sprach- und Handlungsturbulenzen hinaus; vielmehr stoßen wir bei genauem Lesen auf eine untergründige Mischung aus Stoizismus und Skeptizismus bis hin zur Misanthropie, die nur gelegentlich an die Oberfläche bricht: da entsteht dann inmitten der vielfältigen Turbulenzen plötzlich ein

---

[44] Schmidt, „Schwarze Spiegel“, a.a.O., S. 210.

[45] Smith, *Topper*, a.a.O., S. 193.

„feeling of profound depression“[46], das an die nicht immer zu unterdrückende „Tiefe Traurigkeit“[47] des Schmidtschen Erzählers gemahnt, und auch hinter dem Schmidtschen Stoßseufzer „es lebe die Einsamkeit!“[48] brauchen sich diejenigen kaum verstecken, die Topper ausstößt – dies allerdings vornehmlich vor seiner Bekanntschaft mit Marion Kerby und heraufbeschworen vor allem von den desillusionierenden Erfahrungen mit seiner Frau. Topper erklärt programmatisch: „I have no fear of solitude. I yearn for it ... absolute solitude unbroken by the sound of a voice or the knowledge of a presence.“[49] Er sucht den Rückzug aus der Gesellschaft, der Schmidts Erzähler – keineswegs durch dessen Verdienst – bereits zugefallen ist: „He had one desire now and only one. He wanted to cut himself off entirely from people and faces and eyes, and from tongues, too.“[50] Überspitzt könnten wir sagen: Toppers Gedankenspielereien gleichen dem Schmidtschen LG „Schwarze Spiegel“. Würde sich dieses LG für Topper erfüllen, so bräuchte er bei einer Tat, bei der er Marion Kerby nur widerstrebend und ängstlich behilflich ist – nämlich „breaking into a deserted cottage“[51] –, auch nichts mehr zu befürchten: der Erzähler in Schmidts Text bricht ohne Gefährdung in viele menschenleere Häuser ein, und er trifft dabei nie jemanden – abgesehen von den Knochen eines Geistes, der aus der vierten Dimension auf ihn blickt: „ein literarischer Hungerleider, Schmidt hatte er sich geschimpft.“[52]

---

[46] Ebd., S. 212.
[47] Schmidt, „Schwarze Spiegel“, a.a.O., S. 210.
[48] Ebd.
[49] Smith, *Topper*, a.a.O., S. 36.
[50] Ebd., S. 47.
[51] Ebd., S. 155.
[52] Schmidt, „Schwarze Spiegel“, a.a.O., S. 218.

Der literarische Tausendsassa, der sich Thorne Smith schimpfte, war kein Hungerleider: sein *Topper*-Roman wurde ein gewaltiger kommerzieller Erfolg, und so konnte es kaum ausbleiben, daß mit *Topper Takes a Trip* schließlich auch noch eine Fortsetzung auf den Markt kam. Für diese Fortsetzung gilt vieles von dem, was ich anhand von *Topper* zu beschreiben versucht habe, prinzipiell genauso – allerdings macht sich eine gewisse Ernüchterung, eine atmosphärische Desillusionierung breit. Das gilt nicht zuletzt für die gelegentlich bekundeten Einsamkeitsgelüste, von denen deutlich wird, daß sich dahinter dann doch Einsamkeitsängste verbergen: „Topper is alone, and he fears very much he will always be alone.“[53] Das Ende von Toppers Abenteuern sieht damit nicht weniger düster aus als das Ende der „Schwarzen Spiegel“. Ganz zum Schluß des letzten Bandes, dessen Held er sein darf, rafft sich Cosmo Topper aber immerhin noch einmal auf zu einer Apologie eines gleichsam Schmidtschen Realismussinnes: „But after all, weren't a lot of real things seemingly cheap, seemingly commonplace, yet real enough?“[54] Das dürfen wir durchaus auch als Abgesang auf eine allzu munter drauflos phantasierende Jenseitsträumerei lesen.

Topper Takes a Trip, ist härter, befreiter, offener als *Topper*, bezahlt dafür allerdings mit einem Mangel an Zwischentönen: Arno Schmidt geht nicht unbedingt fehl, wenn er in seinem Gelegenheitstext „Der »zweite Teil«“ von 1955 auf einen Qualitätsabfall hinweist.[55] Sein *Trip* führt Topper (zu seinem Leidwesen zunächst mit seiner verhaßten Frau) nach Frankreich, wo das Leben lockerer

---

53 Smith, *Topper Takes a Trip*, a.a.O., S. 380.

54 Ebd., S. 383.

55 Vgl. Arno Schmidt, „Der »zweite Teil«“, in Bargfelder Ausgabe, Bd. III/3 (Zürich: Haffmans 1995), S. 179-180, hier S. 180: „Smith' reizenden »Topper«; dem er das viel grobere »Topper auf Reisen« nachschlendriante.“

ist, und deshalb treten an die Stelle der seichten Schlüpfrigkeiten von *Topper* zusehends vulgäre Drastischheiten, bis hin zu der Forderung: „There should be public sex parks as well as athletic parks.“[56] Für zarte Liebesträumerei bleibt wenig Raum: „Virtue is a much overrated commodity that can be lost only once. In most cases it's tossed away.“[57] Man könnte fast sagen, der Schritt von *Topper* zu *Topper Takes a Trip* entspreche dem von *Brand's Haide* und „Schwarze Spiegel“ zu *Aus dem Leben eines Fauns*, einem Roman, in dessen Handlung sich etliche Elemente von Smiths *Trip* auffinden lassen.[58] Aber einige Textdetails finden sich auch in den beiden ersten Texten von Schmidts Trilogie wieder. Das meiste ist, für sich genommen, gewiß wenig signifikant: so das „walking Indian file“[59] oder die Vokabel „unladylike“[60], vielleicht auch das piratische Messer, das George Kerby im Quermaul hat und Schmidts letzter Mensch sich ebenso bei Lisa vorstellt[61]. Die einzige eindeutig von Schmidt zitierte

---

56 Smith, *Topper Takes a Trip*, a.a.O., S. 320.

57 Ebd., S. 97.

58 Zu denken ist an die bis zum Haß degenerierte Ehe, das Auftauchen einer „lady of wolfish lines“ (Smith, *Topper Takes a Trip*, a.a.O., S. 4; wieder auftauchend S. 154 als „that wolf of a woman“), das genüßliche Betrachten nackter Exemplare des jeweils anderen Geschlechts, das befriedigte Bestaunen der sexuellen Leistungsfähigkeit eines gealterten Buchhaltertypen: „'What a lover!' put in Marion. 'Mine, all mine.'“ (S. 208)

59 Smith, *Topper Takes a Trip*, a.a.O., S. 122; vgl. Schmidt, „Schwarze Spiegel“, a.a.O., S. 158.

60 Smith, *Topper Takes a Trip*, a.a.O., S. 166, 186, 290. Vgl. Schmidt, „Schwarze Spiegel“, a.a.O., S. 253: „quite unladylike“. Dagegen noch Smith, *Topper*, a.a.O., S. 144: „quite ladylike“.

61 Vgl. Smith, *Topper Takes a Trip*, a.a.O., S. 191: „he is holding most horribly between his teeth a carving-knife [...] Mrs. Topper looked nakedly [...] seeing George Kerby's head appear piratically over the railing of the *balcony*“; Schmidt, „Schwarze Spiegel“, S. 250: „das

Phrase findet sich recht früh im Text: „A man who could do such things as Topper had already done should be received with a lavish hand.“[62] Schmidts Kriegsflüchtling verstreut dann „auf die Bretter englisches Insektenpulver mit DDT and with a lavish hand: beim losen Dichtervölkchen weiß man nie!“[63] Bemerkenswert ist im übrigen noch, daß von beiden Autoren der britische Kriegsaufruf persifliert wird. *Topper Takes a Trip* liefert die Variante: „'England expects every man to duck his duty,' said Mr. Topper nastily.“[64] Bei Schmidt wird daraus eine privatere Version: „Lore expects every man to do his duty“[65].

Dieser Satz steht sinnigerweise auf der selben Seite, auf der wenige Zeilen zuvor auch die drei Buchruinen eingeführt werden, und der gemeinsame Kontext ist der Krieg mit seinen Folgen. Tatsächlich müssen wir Schmidts folgenreiche Entdeckung Thorne Smiths mit ziemlicher Sicherheit auf die Kriegsgefangenschaft datieren; Peter Ahrendts Vermutung, Schmidt sei „bereits in den dreißiger Jahren Smith-Leser“ gewesen[66], ist ebenso anzuzweifeln wie die biographische Verläßlichkeit der

---

grenzt ja an Piraterie – [...] fehlt bloß noch n Brotmesser zwischen n Zähnen [...] ne Rumflasche in der Hand, und nackter Oberkörper.“

62 Smith, *Topper Takes a Trip*, a.a.O., S. 95.

63 Schmidt, *Brand's Haide*, a.a.O., S. 194. Vgl. auch Arno Schmidt, „Ach, wie gut, daß Niemand weiß ...“, in Bargfelder Ausgabe, Bd. III/4 (Zürich: Haffmans 1995), S. 340-346, hier S. 346: „dort wie überall auf Erden wurden, auf gut=mohikanisch and with a lavish hand, ‹Spitznamen› verliehen“); Arno Schmidt, „,Also schreiben Sie ja weiter'. Zwei Briefe“, in Rudi Schweikert (Hg.), *Hans Wollschläger* (Eggingen: Edition Isele 1995), S. 219-225, hier S. 219: „darüber kann Niemand hinweg, daß hier gewichtiges, noch nie gesagtes Neues, en masse und with a lavish hand, deponiert wurde!“ (Brief an Hans Wollschläger v. 19.4.59).

64 Smith, *Topper Takes a Trip*, a.a.O., S. 170.

65 Schmidt, *Brand's Haide*, a.a.O., S. 128.

66 Ahrendt, „Ach, ich hör auf: Sie *kennen* das Alles nicht“, a.a.O., S. 6.

späteren Schmidtschen Andeutungen, er habe schon vor dem Krieg „die lustig=sprudelnden Filme [...] mit Roland Young & Constance Bennet“[67] gesehen. Der erste *Topper*-Film entstand 1937 und kam tatsächlich im Juni 1938 noch in deutsche Kinos (übrigens unter verändertem Titel, nämlich als *Das blonde Gespenst*); schon die zweite Verfilmung, *Topper Takes a Trip* von Ende 1938, kam nicht mehr vor dem Krieg, sondern erst 1951 in Deutschland in den Verleih – Schmidt kann also keinesfalls „die lustig=sprudelnden Filme“ gesehen haben, bevor er die entsprechenden Bücher las. Für die Datierung der ersten Schmidtschen Smith-Lektüre liefert das Gätjenssche Verzeichnis der Nachlaßbibliothek einige Hinweise. Nach Ausweis dieses Verzeichnis erfolgte Schmidts Erwerb von Smith-Büchern in drei Wellen. 1976 fanden mit der letzten Welle *The Glorious Pool*, *The Stray Lamb* und *Topper Takes a Trip* in gebundenen britischen Ausgaben der 30er und 40er Jahre den Weg zu Schmidt; zu diesem Zeitpunkt dürften mit dem Erwerb eher nostalgische Gefühle verbunden gewesen sein.[68] Wohl um 1960/61 besorgte sich Schmidt die damals neuen Penguin-Ausgaben von *The Bishop's Jaegers* und *The Night Life of the Gods*; dieser Erwerb dürfte in Zusammenhang mit Schmidts Joyce-Rezeption gestanden haben, von der hier ausnahmsweise

---

[67] Arno Schmidt, „Das Buch Jedermann. James Joyce zum 25. Todestage“, in Bargfelder Ausgabe, Bd. II/3 (Zürich: Haffmans 1991), S. 231-256, hier S. 245. – Die „side-splitting motion-pictures, starring Cary Grant, Roland Young and Constance Bennett“ werden im Klappentext der auch von Schmidt besessenen *Topper*-Ausgabe erwähnt, und es scheint durchaus möglich, daß Schmidt statt der Filme selbst bloß diesen Hinweis kannte.

[68] Tatsächlich wurden Schmidt die Bände von Bernd Rauschenbach als Gastgeschenke mitgebracht; Bernd Rauschenbach schildert zudem, Schmidt sei vor den ihm geschenkten Thorne-Smith-Bänden „förmlich auf die Knie gegangen“ (mündliche Auskunft Rauschenbachs an Friedhelm Rathjen).

einmal nicht die Rede sein soll[69]. Für die Zeit davor sind nur zwei Smith-Bände in Schmidts Besitz nachweisbar, eben *Topper* und *Topper Takes a Trip*, und beide in einer kleinformatigen Taschenbuchausgabe eines New Yorker Imprints in Auflagen von 1945 bzw. 1943.

Von der besagten *Topper*-Ausgabe existiert eine Sonderauflage mit dem Vermerk „This special edition is published especially for the American Red Cross“ und dem Titelaufdruck „Special edition for free distribution by the American Red Cross“.[70] Das deutet schon auf eine zumindest mögliche Weise hin, wie Schmidt in den Besitz der Smith-Bände gekommen sein könnte. Aber auch die reguläre Auflage, die Schmidt hatte, hält allerlei Indizien bereit, die für einen besonderen Verwendungszweck sprechen: auf den Werbeseiten hinten im Band finden sich Lobesworte amerikanischer Soldaten auf die Reihe („My division was in the Invasion of Sicily and Italy. I assure you that all concerned appreciated the Pocket BOOKS. Many a front line infantryman has carried a Pocket BOOK with him when going into engagements.“[71]) sowie der Hinweis, welche Bände der Reihe „less than 8 oz.“ wiegen und deshalb „under postal regulations may be sent to soldiers overseas without written request.“ Die beiden *Topper*-Bände zählten zu diesen postalisch geförderten Druckerzeugnissen. Klar wird: diese Bände hatten einen

---

69 Vgl. dazu Friedhelm Rathjen, „Mr. Smuth. Zu Thorne Smith, Schmidt und Joyce“, in *Bargfelder Bote* Lfg. 192-193 (Dezember 1994), S. 15-18; ders., „Thorne Smith in the *Wake*. Arno Schmidt’s Neglected Recommendation“, in *Papers on Joyce*, No. 2 (Sevilla / La Coruña: Spanish James Joyce Society 1996), S. 93-98.

70 Zitiert nach einem in meinem Besitz befindlichen Exemplar der Rotkreuz-Sonderauflage.

71 Dies und folgendes zitiert nach einem in meinem Besitz befindlichen Exemplar der regulären 29. Auflage (Dezember 1945), die auch Schmidt besaß.

besonderen Auftrag zu erfüllen bei der Belehrung und / oder Zerstreuung der alliierten Soldaten in Europa und womöglich auch bei der kulturellen Umerziehung gefangener deutscher Soldaten. Bei Schmidt funktionierte letzteres in ganz vorzüglicher Weise. Nachdem er während des Krieges selbst in seiner Lektüre stark eingeschränkt gewesen war (es gab natürlich billige Wehrmachtsbuchreihen, deren Niveau sich freilich, wenn es hoch kam, irgendwo zwischen Hans Watzliks braver *Krönungsoper* und Günter Eichs elegischer *Katharina* bewegte) und in seiner Schreibproduktion Zuflucht zu ätherisch-weltfremden Welten gesucht hatte, bot sich Schmidt nun die einmalige Chance, sich mit einer handfesten, sprachlich beweglichen und inhaltlich aufmüpfigen Art von (und sei es Unterhaltungs-) Literatur vertraut zu machen, die ihm gänzlich neu gewesen sein muß, wenn sie auch einige Verwandtschaft mit dem von Schmidt nachträglich verklärten freien Lebensgefühl der Weimarer Jahre aufweisen mochte. Mag Grillparzers *Armer Spielmann* noch so dämonisch sein: seine Ästhetik, seine Thematik und seine Sprache konnten Schmidt um 1945 nicht mehr neu sein. Bei Smiths *Topper* war das entschieden anders. Man kann sich ausmalen, mit welchem Behagen Schmidt die *Topper*-Bände in sich aufsog; die hier gebotenen simplen, aber wirkungsvollen ästhetischen Verfahren, einen respektlosen und hochgradig witzigen Ton zu erzeugen, verfehlten bei Arno Schmidt ihre Wirkung nicht, und deswegen ist es durchaus angemessen, daß Schmidt seine erste Hommage an Thorne Smith gerade in das Nachkriegsporträt *Brand's Haide* integrierte.

Und noch einen instruktiven Hinweis finden wir auf den Werbeseiten der von Schmidt benutzten *Topper*-Ausgabe – als Band 266 erschien in dieser billigen Reihe ein Werk, für das folgendermaßen geworben wird: „*Lend-Lease: Weapon for Victory* by Edward R. Stettinius, Jr. How the interchange of United Nations' goods and services helped turn the tide of battle against the Axis." Da dieses Werk in Schmidts Nachlaßbibliothek nicht mehr vorhanden ist, können wir natürlich keine Gewißheit haben, aber es spricht doch alles dafür, daß die dritte der Buchruinen, eben Stettinius' *Lend-Lease*, an der Seite von Thorne Smith als handliches Paperback im Rahmen der kulturellen und politischen Umerziehungsbemühungen der Besatzer ihren Weg in Schmidts Hände gefunden hat. Auf dem Vorsatz der entsprechenden Ausgabe von *Lend-Lease* trägt ein gezeichneter Adler ein Buch in den Klauen und im Schnabel ein Spruchband: „Books are weapons in the war of ideas".[72]

Allerdings hat diese spezielle Umerziehungsmaßnahme offenbar nicht funktioniert, wie Schmidts abfällige Bemerkungen anzeigen. Stettinius (1900-49), vorheriger Stahlindustrie-Lobbyist und nachmaliger US-Außenminister, wurde 1940 von Präsident Roosevelt beauftragt, die Materialbeschaffung der Kriegsgegner Deutschlands und Japans und ihre finanzielle Absicherung in die Hand zu nehmen; Grundlage der alliierten Zusammenarbeit auf diesem Gebiet in den Folgejahren wurde das Leih-Pacht-Prinzip, ein kompliziertes Geflecht von Stundungs- und Verrechnungsverfahren. Stettinius' Tätigkeit endete mit seiner Ernennung zum Unterstaatssekretär 1943; daraufhin schrieb er darüber als eine Art öffentlichen Rechenschaftsbericht das Buch *Lend-Lease*, das noch deutlich vor Kriegsende erschien: im Januar 1944 in einer ersten, im Februar schon in der zweiten Auflage. Im gleichen

[72] Edward R. Stettinius, Jr., *Lend-Lease. Weapon for Victory* (New York: Pocket Books 1944), Vorsatz; darunter der Hinweis: „This is a wartime book". Hinten auf dem Buchdeckel findet sich der Hinweis, dieses Buch könne für 4 Cents „to a boy in the armed forces anywhere in the U.S." verschickt werden.

Jahr erschienen auch bereits mindestens zwei Taschenbuchausgaben, nämlich neben der genannten amerikanischen Pocket-Books-Ausgabe auch eine englische Penguin-Ausgabe; 1946 brachte dann der Paul List Verlag unter dem Titel *Welt in Abwehr. Leih-Pacht* eine deutsche Übersetzung heraus.

Stettinius' Buch ist, ganz kurz beschrieben, eine Geschichte der ersten Kriegsjahre unter dem Aspekt der Material-Logistik. Der Autor verficht anhand vieler sehr detailliert, zahlen- und faktenreich geschilderter Beispiele das Prinzip Solidarität, beschreibt auf fast naiv-didaktisch anmutende Weise die politischen Entscheidungsprozesse in der selbsternannten Vorzeigedemokratie USA und klopft sich bevorzugt selbst auf die Schulter, indem er ständig versichert, wie sehr diese oder jene Operation des Leih-Pacht-Netzwerkes das Ende des Krieges gegen Hitler beschleunigt habe. Die „Bomberoperationen unter Luftmarschall Harris"[73] werden pflichtschuldig belobigt, ebenso wie das Leistungsvermögen der „Fliegenden Festungen"[74]; natürlich fallen zuhauf Namen von Kriegswaffen, -orten und -beteiligten, von Biserta und Pearl Harbour bis zum „bekannte[n] sowjetische[n] Kriegsberichterstatter Ilja Ehrenburg"[75] und solchen „Naziagenten wie George Sylvester Viereck"[76]; es fällt allerdings

---

[73] Edward R. Stettinius jun., *Welt in Abwehr. Leih-Pacht*, üb. v. Werner von Grünau (Leipzig und München: Paul List Verlag 1946), S. 301. – Ich benutze der Einfachheit halber diese deutsche Übersetzung, da es sich um einen reinen Sachtext handelt.

[74] Ebd., S. 188, 208, 223, 331, 340 (im englischen Original natürlich stets „Flying Fortress"); vgl. dazu Schmidt, „Schwarze Spiegel", a.a.O., S. 210: „wer die flying fortress will, bekommt den blockbuster obendrein" (dies ist selbstverständlich kein Zitat aus dem immer sachlich-nüchtern gehaltenen Buch von Stettinius).

[75] Stettinius, *Welt in Abwehr*, a.a.O., S. 257.

[76] Ebd., S. 52. – Unklar bleibt, ob es hier einen Zusammenhang gibt mit der Ventilierung des selben Nachnamens bei Schmidt, „Schwar-

(zumindest dann, wenn wir von den Erläuterungen zum Prinzip der Dehydrierung absehen[77]) schwer, signifikante Stoffüberschneidungen zwischen Stettinius' Buch und den Texten Schmidts zu benennen.

Leichter könnte es fallen, in Stettinius' Darstellung Details aufzutreiben, die Schmidts Widerspruch herausgefordert haben könnten; kurioserweise findet aber der Kritikpunkt, den Schmidt seinem Erzähler in den Mund legt, eigentlich sehr wenig Angriffsfläche in dem abgekanzelten Text. Schmidts Erzähler erregt sich: „Wie die in »Lend-lease« die Russen verhimmeln: in zwei Jahren werden sie anders reden!“[78] Dieser Einwand ist insofern billig zu haben, als Schmidt seinen Text ja mehr als zwei

---

ze Spiegel“, S. 175: „Fritz Viereck [...] Haben Sie im Lexikon nachgesehen ? [...] Jaja – Viereck – – [...] das war der exzellenteste Rum gewesen, den ich je gekannt habe“.

77 Vgl. Stettinius, *Lend-Lease*, a.a.O., S. 256 f.: „Much of the food for Russia goes in concentrated form. The eggs are dried; the milk is condensed or powdered; the vegetables are dehydrated. It is in the Russian food programme that the expansion of our dehydrating facilities which we began back in 1941 has perhaps proved of greatest value. [...] When we can send ten shiploads of potatoes in one ship by dehydrating them, [...] the amount of space on ships and trains and trucks that becomes available for other war purposes are very great.“ Vgl. dazu die gelegentlichen Bemerkungen Schmidt zum Verfahren der Dehydrierung in seiner Prosatheorie, vor allem Arno Schmidt, *Sitara und der Weg dorthin. Eine Studie über Wesen, Werk & Wirkung Karl May's*, = Bargfelder Ausgabe, Bd. III/2 (Zürich: Haffmans 1993), S. 162 (über die Etym-Lagerung): „daß zur ökonomischeren Verstauung (‹reichster Inhalt bei geringster Raumbeanspruchung›) zuvor noch von irgendeiner UBW=Instanz eine lautliche Reduzierung=Kondensierung=Dehydrierung vorgenommen wird.“ – In der deutschen Übersetzung des Buches von Stettinius sind die entsprechenden Passagen nicht signifikant: der Prozeß des Dehydrierens wird unspezifisch als „Trocknung“ wiedergegeben. Wäre Schmidts erwünschte ‚dehydrierte Prosa' also zu deutsch eine ‚eingetrocknete Prosa'?

78 Schmidt, *Brand's Haide*, a.a.O., S. 128.

Jahre nach dem erzählten Zeitraum zu Papier brachte – aber davon einmal abgesehen ist es einfach so, daß „die Russen“ bei Stettinius eigentlich nur eine recht kleine Rolle spielen und kaum ‚verhimmelt’ werden. Ausführlich geschildert wird vielmehr, daß eigentlich erst die amerikanischen Materiallieferungen den Russen ermöglicht haben, „der deutschen Kriegsmaschine einen nicht wieder gutzumachenden Schaden“ zuzufügen[79]. Das einzige Textdetail, das notfalls als Verherrlichung der Russen gelesen werden könnte, ist ein Satz über die Befunde zweier amerikanischer Verhandlungsführer nach einer Rußlandreise 1941: „Sie waren von Stalin sehr beeindruckt und von allem, was sie an Produktionstechnik und der Einrichtung russischer Fabriken gesehen hatten.“[80]

Oder sollten Schmidt Stettinius’ abwiegelnde Bemerkungen zur ‚roten Gefahr’ mißfallen haben? Der *Lend-Lease*-Autor ist nämlich wahrlich kein Vorläufer des McCarthyimus, der sich wenige Jahre später in Amerika breitmachte. „Goebbels’ Agenten taten ihr Bestes, um Furcht vor dem Kommunismus in Amerika und Großbritannien zu erzeugen“[81], analysiert Stettinius die Lage bei Kriegsausbruch, und später im Text kommt er noch einmal etwas ausführlicher auf das Thema zurück:

> Fürchten wir den Kommunismus in Rußland? Warum sollten wir ihn fürchten? Ist der Glaube an unsere eigene Regierungsform und an das, was im Interesse der Demokratien der freie Wettbewerb geleistet hat und weiterhin für die Vereinigten Staaten leisten wird, so schwach? In mehr als 160 Jahren haben wir auf unsere eigene Art unser eigenes Experiment durchge-

[79] Stettinius, *Welt in Abwehr*, a.a.O., S. 284.
[80] Ebd., S. 158.
[81] Ebd., S. 146.

> führt. Wir wollen es auch weiterhin tun und die Sowjets ihr eigenes Experiment auf ihre eigene Art durchführen lassen. Von Rußland haben wir nichts zu befürchten. Durch eine enge wirksame und auf Freundschaft beruhende Zusammenarbeit mit Rußland, die in unserem gegenseitigen Interesse liegt, haben wir alles zu gewinnen.[82]

Das kann man, wenn's denn sein muß, wohl blauäugig nennen – eine Verhimmelung Rußlands ist es gewiß nicht. Und mehr läßt sich zu diesem Thema bei Stettinius beim besten Willen nicht auftreiben.

Es mag durchaus sein, daß Schmidt *Lend-Lease* gar nicht gelesen hat und das Buch aufgrund irgendwelcher verkürzender Informationen beurteilt, die er aus anderen Quellen schöpfte[83]; ebenso mag es sein, daß es ihm an der fraglichen Stelle von *Brand's Haide* um etwas ganz anderes geht als um die ernsthafte Beurteilung eines ephemeren (und zudem völlig unliterarischen) Buches. Was die drei Buchruinen eint, ist die Tatsache, daß für Schmidt ein Zusammenhang zwischen ihnen und dem Weltenruin des Krieges besteht: *Lend-Lease* ist ein Buch, das eine Facette des Krieges schildert; *Der arme Spielmann* ist ein Buch, das Schmidt im Krieg oder der Gefangenschaft gelesen hat (die ‚Buchruine' ist in Schmidts Nachlaßbibliothek vorhanden und trägt den Stempel „Dienststelle Feldpostnummer 00768"[84]); *Topper* ist ein

---

[82] Ebd., S. 407.

[83] In diesem Fall geben auch die Klappentexte wenig her. In dem der Penguin-Ausgabe werden die Russen nur in einer Aufzählung der Nutznießer amerikanischer Hilfe genannt; in dem der Pocket-Book-Ausgabe heißt es pauschal: „From Australia, New Zealand, India, Africa, the Pacific Islands, Russia, and China came fuel, food, ship stores and services to U.S. bases scattered all over the world."

[84] Vgl. Gätjens / Jürgensmeier, *Die Bibliothek Arno Schmidts*, a.a.O., Nr. 193.2.

Buch, mit dem er in der Gefangenschaft die Kriegsrealität hinter sich lassen und einen Neuaufbruch starten konnte.

Wer weiß, vielleicht ist die Dreieinheit dieser so völlig unterschiedlichen Bücher wirklich ein zufälliges Detail aus Schmidts Biographie; auf jeden Fall gelingt es Schmidt, unter der Hand alle drei Texte für seine Schelte der beiden neuen Großmächte zu instrumentalisieren: ‚Dämonisches' ist entschieden besser als ‚Verhimmelndes'; Grillparzer ist besser als sein russischer Themenkollege Dostojewskij; Amerikaner sind dumm, weil sie sich auf Russen einlassen. (Es wäre, nebenbei bemerkt, vielleicht einmal zu untersuchen, ob man bei Schmidt nicht von einer latenten Russen-Phobie sprechen könnte, die sich unmittelbar nach dem Krieg beispielsweise in den Ressentiments niederschlägt, die den politisch gemeinten „Massenbach"-Text prägen.)

Aber Amerikaner können offenbar auch gut sein, wenn sie keine politischen und auch keine hochliterarischen Ambitionen hegen, sondern munter, unbeschwert und witzig erzählen wie Thorne Smith. Von den drei Buchruinen werden zwei sofort eines scharf wertenden Kommentars für würdig befunden: Grillparzer eines hymnisch lobenden, Stettinius eines barsch abkanzelnden. Thorne Smith hingegen wird von Schmidt an dieser Stelle nicht kommentiert und nicht bewertet; statt dessen wird er umgesetzt: in eigene Produktion, in eine neue Ästhetik, in Text. Auferstanden aus Ruinen: das ist auf diese Weise Arno Schmidt.

Nachweise

„Arno Schmidt in der Heidmark“: urgesendet von Radio Bremen am 3. November 1988.

„Haben und Nichthaben“: Erstdruck als Nachwort in Arno Schmidt, *Brand's Haide*, üb. v. Claude Riehl (Auch: Tristram 2017), dort üb. v. Olivier Mannoni. Die hier abgedruckte erweiterte deutsche Fassung wurde auf Einladung von Martin Lowsky am 13. Oktober 2019 auf der 34. Jahrestagung der Gesellschaft der Arno-Schmidt-Leser vorgetragen.

„You can't have driven very far“: Erstdruck im *Bargfelder Boten* Lfg. 329 (Mai 2010).

„‚Hat viel geregnet‘“: schriftlich fixiert auf der Basis von Notizen zum einleitenden Teil eines Vortrags, der am 14. Mai 1991 im Rahmen eines Studientages des Goethe-Instituts in Paris gehalten wurde.

„Arno Schmidts Lebens- und Lesetext“: schriftlich fixiert auf der Basis von Notizen zum Hauptteil des Vortrags am 14. Mai 1991 am Goethe-Institut in Paris.

„Zur Relevanz von Grillparzer, Stettinius und vor allem Thorne Smith“: geschrieben 2001 aus nicht mehr erinnerlichem Anlaß.